Till Ehrlich

Die besten Supermarkt-weine

100 Weine entdecken und genießen

Hallwag

INHALT

Vorwort 3
Die Märkte 4
Die Weine 6
Weinwissen 10
Weinsprache 14
Weißwein 16
Roséwein 50
Rotwein 54
Schaumwein 110
Aperitifwein 114
Süßwein 118
Die Weine, nach Märkten geordnet 122

VORWORT

Jede dritte Weinflasche, die von privaten Haushalten in Deutschland gekauft wird, also etwa 30 Prozent, stammt aus einem Supermarkt. Weitere knapp 50 Prozent werden in Discountern wie Aldi, Lidl oder Penny aus dem Pappkarton verkauft. Das ist die Wirklichkeit, wenn wir in Deutschland über Weinkauf sprechen. Trotzdem beschäftigt sich der Großteil der seriösen Weinkritiker und Fachzeitschriften in der Regel nicht mit dieser Situation. Tun sie es doch einmal, so meist, um diese Weine negativ zu bewerten oder sie mit denen des Weinfachhandels zu vergleichen. Aber die meisten Kunden lassen sich trotzdem nicht bekehren. Sie irren ratlos im Dschungel der Supermarktregale umher. Und kaufen Wein auf gut Glück.
Dieses Buch betrachtet den Supermarkt als Ort eines umfangreichen Weinangebots. Es idealisiert ihn nicht, es bejubelt die Weine nicht. Es nimmt lediglich Ihren Wunsch ernst, dort einen vernünftigen Wein zu entdecken. Es soll Ihnen die Unsicherheit beim Kauf nehmen. Und Ihnen den Umgang mit Wein erleichtern. Deshalb ist dies kein Schnäppchenbuch und auch kein flottes Geiz-ist-geil-Buch. Sondern ein ernsthafter Weinführer.
Für dieses Buch habe ich über 1000 Weine aus Supermärkten getestet. Die hier präsentierte Auswahl umfasst die 100 besten in verschiedenen Preisklassen und Geschmacksrichtungen. Der vorliegende Weinführer richtet sich besonders an Einsteiger.
Mit der Arbeit an diesem Buch wollte ich nicht der Weinindustrie einen Liebesdienst erweisen, sondern dem Leser eine ehrliche Auswahl bieten.

Till Ehrlich

SUPERMARKT

Was sind Supermärkte?

»Klassische Supermärkte« wie HL, Kaisers, Minimal, Rewe, verfügen oft über ein bundesweites Weinsortiment. Kleine Spar- und Edeka-Läden werden dagegen von selbstständigen Unternehmern geführt, das Weinsortiment ist begrenzt.
»Drogeriemärkte« wie Rossmann, Kd oder Schlecker führen neuerdings auch Wein, Tendenz steigend.
»Verbrauchermärkte« wie Extra, Familia, Intermarché sind größere Supermärkte mit umfassenderen Weinsortimenten.
»SB-Warenhäuser« wie Globus, Kaufland, Wal-Mart sind riesige Märkte mit großen Weinsortimenten.
Auch »Warenhäuser« wie Karstadt und Kaufhof haben oft ein gemischtes Weinsortiment, das Supermarkt- und Fachhandelsweine umfasst. Teilweise gibt es dort Weinberatung.

Wein im Supermarkt

Das Angebot ist oft umfassend und unterschiedlich. Neben billigen Massenweinen finden sich, besonders in höheren Preissegmenten, solide Markenweine und vereinzelt sogar handwerklich erzeugte Weine. Man kann die Weine gleich zum alltäglichen Einkauf in den Wagen legen. Das ist praktisch, bequem und Zeit sparend. Anders als in Fachgeschäften gibt es keine Schwellenangst, man kann unbefangen und ungestört die Weine betrachten. Die Anonymität schützt, hat aber Nachteile: Das große Angebot der langen Weinregale verwirrt. Man bekommt keine Hilfe, Reklamationen sind kaum möglich. Weder Preis noch Etikett geben eine wirkliche Orientierung. Weinqualität ist Glückssache.

DISCOUNTER

Was sind Discounter?

Sie sind die Billigläden des Lebensmitteleinzelhandels. Die Sortimente mit Niedrigstpreisen sind begrenzt, die Präsentation ist von einfachster Art. Hierzu gehören Märkte wie Aldi, Lidl, Norma, Penny und Plus. Wenige Weinsorten werden in kurzer Zeit in großen Mengen verkauft. Die Qualität ist unberechenbar, denn sie ändert sich ständig. Aldi etwa verkauft unter dem Namen »Chianti« ein Getränk, für das Produktionen und Überbestände ganzer Kellereien aufgekauft werden. Nach wenigen Wochen folgt die nächste Charge, der Wein schmeckt anders. Da der Wein, den Sie kaufen, sich qualitativ mehr oder weniger stark von dem unterscheiden würde, den wir für dieses Buch verkostet haben, werden hier keine Discounter-Weine besprochen.

Was ist ein Industriewein?

Die Weinreben werden oft voll mechanisiert behandelt, ohne Handarbeit. Die Weinbereitung erfolgt mit modernster Technik und biotechnischem Einsatz von Enzymen, Bakterien, Reinzuchthefen und künstlichen Gerbstoffen. Entstehen soll ein Wein, der einen breiten Publikumsgeschmack trifft, also oft ein gleichförmiges Produkt – geprägt von Marketingstrategien und Zielgruppenanalysen, das unabhängig von Jahrgangsunterschieden stets gleich schmeckt. Industrieweine sind aus lebensmittelchemischer Sicht sicher. Sie stehen im Gegensatz zu handwerklich erzeugten Weinen, deren Geschmack durch das harmonische Zusammenspiel von Winzer-Know-how und Natur bestimmt wird.

AUSWAHL

Auswahl

Die Handelsketten kaufen ihre Weine teilweise direkt beim Erzeuger oder arbeiten mit Handelsagenturen zusammen. Das sind Zwischenhändler und Großimporteure, die zwischen den Erzeugern und den Handelsketten vermitteln und Halbjahres- oder Jahresverträge abschließen und somit für diesen Zeitraum die Belieferung der Märkte garantieren. Im Sinne der Zuverlässigkeit und des praktischen Nutzens der Weinempfehlungen in diesem Buch wurden nur solche Weine angefordert, die auch in den angegebenen Märkten verfügbar sind. Getestet wurden nur aktuelle Weine, die zudem bundesweit gelistet sind. Die preisliche Obergrenze liegt bei 20 Euro Ladenpreis. Discounter- und Literweine blieben unberücksichtigt, Jahrgänge auch.

Verkostung

1000 Weine wurden getestet, davon werden die 100 besten Weine empfohlen. Die Verkostung erfolgte in Gruppen, geordnet nach Rebsorten und Herkunft. Während der Degustation wurden Notizen gemacht, die die Grundlage für die Auswahl der Weine und ihre Beschreibungen bilden.
In Grenzfällen gab es eine weitere Verkostung zu einem späteren Zeitpunkt. Dabei habe ich mich im Zweifel gegen einen Wein entschieden und ihn nicht in die Auswahl aufgenommen.

BEWERTUNG

Bewertung

Alle in diesem Buch genannten Weine sind empfehlenswert. Dennoch ist ihr Niveau unterschiedlich. Ich habe mich für ein Drei-Punkte-System entschieden. Weine sind jedoch, wie Musik, etwas Komplexes, sodass sich das vollständige Bild erst zusammen mit dem jeweiligen Text ergibt.

Solide, ansprechend.
Diesen Wein empfehle ich als trinkbar ohne Reue.

Anspruchsvoller.
Der Wein ragt aus der durchschnittlichen Weinqualität der Supermärkte heraus.

Gut.
Der Wein besitzt Züge von Charakter und eigenem Ausdruck. Beides ist im Supermarkt eine Seltenheit.

Kriterien

Die Beurteilung der Weine erfolgt nach folgenden Kriterien:

Harmonie

Der Wein ist in sich ausgewogen. Seine Komponenten wie Säure, Süße, Geschmacksstoffe und Alkohol sind gut und angenehm aufeinander abgestimmt.

Geschmackliche Abwechslung

Der Wein hat verschiedene geschmackliche Nuancen.

Trinkbarkeit

Nicht nur der erste Schluck schmeckt, sondern auch der letzte. Man kann zu zweit gut eine Flasche trinken, ohne müde oder alkoholisiert zu sein. Man bekommt hinterher keine Kopfschmerzen. Der Wein ist bekömmlich.

PREISE

Preise

Die Weinpreise können in den verschiedenen Handelsketten unterschiedlich sein. In der Regel gibt es Schwankungen etwa zwischen einem und zwei Euro. Deshalb sind die Preise in Intervallen angegeben:

● 0 bis 4 Euro
●● 4 bis 8 Euro
●●● 8 bis 20 Euro

Zudem finden sich in vielen Texten noch einmal genauere Angaben. Alle Preise beruhen auf den Auskünften der Anbieter. Deshalb kann für die Richtigkeit keine Gewähr übernommen werden, weder vom Verfasser noch vom Verlag.

Gutes Preis-Leistungs-Verhältnis

Preis-Leistungs-Verhältnis

Bei einigen Weinen wird auf ein besonderes Verhältnis zwischen Preis und Leistung hingewiesen. Dieser Hinweis bezieht sich nur auf den Preis im Supermarkt. Vergleiche mit anderen Verkaufsorten wurden nicht durchgeführt. Da dies kein Schnäppchenbuch ist, bekommen nicht nur billige Weine das Symbol, sondern, falls angemessen, auch Weine in höheren Preisklassen.

Verfügbarkeit

Sämtliche Weine sollen zum Zeitpunkt der Veröffentlichung verfügbar sein. Auch hier stammen die Angaben von den Anbietern, wofür keine Gewähr übernommen werden kann.

GENUSS

Was ist Genuss?

Genuss ist in Deutschland nicht selten mit dem Makel des Elitären oder auch der Völlerei behaftet. Ein Missverständnis. Purer Genuss ist ganz einfach. Bedeutet, dass ich mit meinen Geschmacksnerven die Welt um mich herum wahrnehme. Bewusst. Mit geschärften Sinnen. Das ist mit einem Schluck Wasser möglich, mit einer Pellkartoffel oder einem Apfel. Der Geschmack der Dinge enthält eine Botschaft, sagt mir etwas über die Welt. Und über mich. Dazu braucht man weder Kaviar noch Hummer noch Trüffel. Das Faszinierende am Wein ist, dass er die Geschmackssinne schärft, das Erinnerungsvermögen trainiert und das Bewusstsein erweitert. Wichtig dabei ist, wie man den Wein genießt. Man sollte sich Zeit nehmen und maßvoll trinken.

Was ist Wein?

Wein ist etwas Schönes in einer oft brutalen Welt. Wein bedeutet Genuss, Entspannung, Meditation. Lassen Sie sich von niemandem einschüchtern. Finden Sie heraus, was Ihnen gefällt. Entdecken Sie Ihren Geschmack. Wein ist ein Abenteuer. Stürzen Sie sich hinein.
Dafür brauchen Sie kein Vermögen auszugeben, aber seien Sie auch nicht geizig. Die Weinrebe ist ein Lebewesen. Sie braucht Zuwendung und Pflege. Unter hohen Erträgen leidet sie ebenso wie die Qualität des Weins. Guter Wein braucht zur Reife Zeit und Geduld. Das ist aufwändig, kostet Geld. Deshalb gibt es preislich eine untere Grenze. Sie liegt momentan bei etwa drei bis fünf Euro pro Flasche (0,75 l).

WEINKAUF

Weinkauf

Etiketten: Sie sind Teil der Marketingstrategie. Überladene Etiketten sind oft Ablenkungsmanöver. Auch Goldschrift. Sie ist im Neonlicht der Märkte oft kaum lesbar, soll manchmal auch von wichtigen Informationen ablenken. Zum Beispiel von der Abfüllerangabe. Sie kann etwa beinhalten, dass ein australischer Rotwein in Sachsen abgefüllt wurde. Misstrauen Sie auch Schlössern, Adelsnamen und medaillenähnlichen Abbildungen. Ein ordentlicher Wein hat das alles nicht nötig.

Flaschen: Meiden Sie Designerflaschen. Auch blaue, rote und wasserklare Flaschen. Je mehr Firlefanz, desto größerer Argwohn ist angebracht: Hätte man den Aufwand nicht besser in die Weinqualität investiert?

Lagern

Viele Supermarktweine werden so gemacht, dass sie sofort trinkbar sind. Größere Vorräte sind nur in Ausnahmefällen zu empfehlen. Flaschen mit Naturkorken können bis zu drei Monaten stehend gelagert werden. Bei längerer Lagerung müssen sie liegen, damit der Korken feucht bleibt und den Wein vor Luft schützt. Flaschen mit Kunststoff- oder Schraubverschlüssen können stehend oder liegend gelagert werden. Flaschen stets vor Sonnenlicht geschützt aufbewahren. Falls man keinen geeigneten Keller hat, ist das Schlafzimmer ein möglicher Lagerungsort. Die Temperatur sollte einigermaßen konstant sein. Am besten zwischen 10 und 16 Grad. Frost schadet dem Wein, Hitze auch.

TEMPERATUR

Temperatur

Der Schlüssel zum Genuss des Weins ist seine Temperatur. Sie bringt seinen Geschmack zur vollen Entfaltung. Vergessen Sie die Regel mit der Zimmertemperatur. Sie ist falsch, stammt aus einer Zeit, als die Zimmer 16 Grad kalt waren. Heute ist Zimmertemperatur zu warm für Rotwein.
Wein soll immer temperiert sein. Besser zu kühl als zu warm. Wenn Sie das Glas nur zu einem Viertel füllen, wird er sehr schnell warm. Probieren Sie zwischendurch. Finden Sie heraus, wann er Ihnen am besten schmeckt. Das kann heute anders sein als morgen. Im Sommer mag man Rotwein kühler, im Winter wärmer. Spielen Sie mit der Trinktemperatur. Es geht beim Wein nur um Sie. Um Ihre Freude am Wein. Nicht um irgendwelche Regeln.

Temperieren

Auf vielen Etiketten finden sich Temperaturangaben. Sie sind jedoch kein Dogma. Um den Wein zu temperieren, braucht man auch kein Weinthermometer. An folgenden Werten können Sie sich orientieren:
Kühlschrank (7 – 10 °C): Weißwein allgemein, Sherry Dry, Schaumweine, Rosé, süße Weißweine.
Gemüsefach (10 – 12 °C): Sehr leichte Rotweine, Sherry Medium, gehaltvolle Weißweine.
Schlafzimmer (12 – 15 °C): Rotwein allgemein.
Flur (15 – 18 °C): Schwere Rotweine, Portwein.

DEKANTIEREN

Weinwissen

Luft zum Atmen – Dekantieren

Dekantieren bedeutet Umschütten. Es bringt Leben in den Wein, der Luft braucht, um seine Aromen zu entfalten. Sinn des Dekantierens ist es, den Wein für den Genuss in die optimale Form zu bringen. Man kann einen Wein nicht besser machen als er ist, aber zugänglicher. Das funktioniert auch ohne teure mundgeblasene Karaffen aus Kristallglas. Ein Krug aus Glas oder Steingut erfüllt völlig seinen Zweck. Den Wein kann man ruhig mit Schwung ins Gefäß schütten. Etwa eine Stunde, bevor man ihn trinkt. Das Umschütten hat nur Sinn bei anspruchsvollen Weiß- und Rotweinen. Bei Alltagsweinen kann man sich die Prozedur sparen. Übrigens: das bloße vorherige Öffnen der Flasche bringt nichts, da die Oberfläche im Flaschenhals viel zu klein ist.

Der Rest

Angebrochene Flaschen jeglicher Art sollten schnell verschlossen und generell in den Kühlschrank gestellt werden, egal ob rot oder weiß, Port oder Sherry. So bleiben sie meist noch einige Tage trinkbar. Am besten den Korken wieder mit der feuchten Seite nach unten in die Flasche hineindrücken. Mit der trockenen Seite geht es zwar leichter, sie ist aber voller unsichtbarer Bakterien. Sicherheit bieten Plastikstöpsel oder Verschlüsse aus Edelstahl. Der berühmte Löffel in der Sektflasche bringt nichts. Besser sind Schnappverschlüsse, da bleibt sprudelnder Stoff gut einen halben Tag trinkbar. Übrigens: Rotwein eine halbe Stunde vor dem Trinken wieder aus dem Kühlschrank nehmen.

GLÄSER

Gläser

Man füllt die Gläser maximal zu einem Drittel voll. Drei Arten von Gläsern genügen völlig für den Hausgebrauch. Gläser für Schaumwein sollten lang gezogen sein und sich am oberen Rand verengen, damit sich die Aromen bündeln können. Hinzu kommen zwei verschiedene Gläser für Rot- und Weißwein, die sich oben verjüngen, also wie ein Ei geformt sind – Rotweingläser dürfen größer sein, damit man länger am Bukett schnüffeln kann. Alle Weingläser sollten praktisch sein, also nicht zu groß. Wichtig ist vor allem, dass sie durchsichtig sind, damit man die Farbe des Weins sieht. Sie dürfen dünn sein und sollten keinen wulstigen Rand haben. Sie brauchen auch nicht mundgeblasen zu sein, man muss kein Vermögen investieren.

Kork

Freuen Sie sich über jeden Kunststoffverschluss. Das zeigt, dass der Produzent den Wein optimal verschlossen hat. Denn meistens werden für Alltagsweine billigste Naturkorken verwendet. Die Folge ist oft der so genannte Korkgeschmack: Das ist ein muffiger Beigeschmack, der an verschimmelte Walnüsse erinnert. Er kann schwach oder penetrant sein, in jedem Falle aber ist der Wein verdorben. Die Dunkelziffer der Korkschmecker liegt bei zehn Prozent. Tendenz steigend. Korkgeschmack ist immer ein Reklamationsgrund! Schraubverschlüsse werden von vielen abgelehnt, weil sie das Ritual des Korkenziehens nicht missen wollen. Rituale sind gut, ungetrübter Genuss ist besser!

WEINSPRACHE

Ausgewogen Alle Bestandteile des Weins (Säure, Süße, Alkohol, Geschmacksstoffe) sind gut aufeinander abgestimmt.

Biss Der Wein erzeugt im Mund ein positives, saftiges Gefühl.

Bukett Der Duft des Weins im Glas.

Elegant Beschreibt den Eindruck und die Qualitäten des Weins, vergleicht ihn mit natürlicher Schönheit.

Frucht Im Wein vorhandene Fruchtaromen.

Gehaltvoll Der Wein hat einen hohen Gehalt an Alkohol und Geschmacksstoffen.

Körper Die im Mund wahrgenommene Alkohol- und Geschmacksdichte des Weins. Das Spektrum reicht von schlank bis kräftig.

Lokale Rebe Auch autochtone oder einheimische Weinsorte genannt. Sie kommt nur in dieser Region vor.

Maskulin Ausdruck für herbe und kräftige Geschmacksstoffe.

Mineralisch Der Geschmack des Bodens, in dem die Rebe wächst. Eine sehr positve Eigenschaft des Weins.

Muskulös Kräftige und zugleich elegante Tannine.

Nachhaltig Der Eindruck nach dem Herunterschlucken. Gute Weine haben eine lange Nachhaltigkeit.

Natursüße Die nach der Gärung im Wein verbliebene natürliche Traubensüße.

Noten Anklänge bestimmter Aromen.

Pfefferton An frisch gemahlenen Pfeffer erinnernd.

Pikant Saftiges Aufeinandertreffen von Süße und Säure.

Reifenoten Durch Lagerung erzeugter Geschmack.

Rund Weicher und harmonischer Wein.

Saftigkeit Ähnelt dem Gefühl beim Biss in eine frische Frucht.

Säure Ohne sie schmeckt Wein fad. Das Salz in der Suppe. Entscheidend für die Weinqualität.

Schlank Ein Wein, der leicht schmeckt.

Spiel Ein Wein mit vielen Gesichtern.

Subtil Fein und unaufdringlich.

Süß Im Wein enthaltene natürliche Traubensüße. Der Süßegrad reicht von »halbtrocken« und »feinherb« bei geringer Süße bis hin zu »lieblich« und »süß« bei starker Süße.

Süßlich Auch »süßliche Frucht«. Eine Geschmackswahrnehmung, die bei alkoholreichen Weinen auftreten kann, obwohl sie »trocken« sind.

Tannine/Gerbstoffe Wichtiges Element eines Weins. Verleiht ihm Langlebigkeit und Ausdruck. Der Geschmack reicht von herb bis bitter. Gerbstoffe sind in allen Weinarten enthalten. Bei Rotweinen werden sie als Tannine bezeichnet.

Tanninstrenge Ein Ausdruck für besonders markante Tannine im Mund.

Trinkreif Der Wein ist jetzt am besten.

Verschnitten Der Wein enthält verschiedene Rebsorten. Wird auch als Cuvée bezeichnet.

Vollmundig Füllt kraftvoll den Mund aus.

Wuchtig Ein kraftvoller und alkoholreicher Tropfen.

WEISSWEIN

Noch behaupten sich europäische Klassiker mit traditionellen Weißen. Italien und Frankreich sind präsent, doch echte Qualität ist rar. Die Italiener bietet viel Gutes, haben aber die Preise angezogen. Deutschland stellt sein Licht unter den Scheffel und begnügt sich mit mäßiger Qualität. Übersee wird stärker und greift die Alte Welt mit unkomplizierten Tropfen an. Sogar bei Weinen mit Preisen über zehn Euro.

Rosemount

Chardonnay-Verdelho-Sauvignon Blanc

- **Region** Südostaustralien
- **Rebsorten** Chardonnay, Verdelho, Sauvignon blanc
- **Bezugsquelle** Globus, Karstadt, Kaufhof
- **Preisklasse** ●●○
- **Qualitätsstufe** 🍷 (1 von 3)

In der australischen Sonne reifen die Trauben voll aus. Das Ergebnis sind oft weiche Weine, deren Trumpf eine besondere Fruchtigkeit ist. Sie bedienen einen breiten Publikumsgeschmack. Das trocken-heiße Klima im Süden Australiens erlaubt es, sie mit weniger Risiko und Kosten als in Europa herzustellen. Typisch für diesen Weinstil sind die Weine von Rosemount Estate. Die Kellerei, vor etwa 150 Jahren von einem deutschen Siedler gegründet, ist heute ein Big Player auf dem fünften Kontinent.

Der Rosemount vereint geschickt drei Rebsorten. Erfrischt mit kräutrigen und zitronigen Aromen und ist ein besonders spritziger, ausgewogener Weißer für etwa fünf Euro. Gut zu trinken als Aperitif oder zu Salaten und Gemüseaufläufen.

Lehmann

The Barossa Chardonnay

- **Region** Barossa Valley
- **Rebsorte** Chardonnay
- **Bezugsquelle** Marktkauf, ausgewählte Edeka-Märkte

- **Preisklasse** ●●●
- **Qualitätsstufe** ▼▼▽

Der 74-jährige Peter Lehmann ist eine der einflussreichsten Persönlichkeiten in der australischen Weinwirtschaft. Seine Kellerei besitzt höchsten technischen Standard. Lehmanns The Barossa Chardonnay ist einer seiner weißen Spitzenweine und das Paradebeispiel für einen ehrgeizig gemachten Wein, der europäische Großproduzenten das Fürchten lehrt. Er verbindet einen hohen Anspruch mit einem populären und zuverlässigen Weinstil. Der Wein ist unkompliziert und harmonisch, und zugleich raffiniert. Er überrascht durch Vielschichtigkeit: Duftet nach Wildkräutern und frischer Butter, schmeckt intensiv und ausgewogen (→ S. 14). Die Fülle wird von feiner Frische getragen. Ein appetitanregender Wein für etwa zehn Euro, der besonders gut zu gebratenem Lachs oder Tunfisch passt.

Sungulare

Chardonnay

- **Region** Sungulare
- **Rebsorte** Chardonnay
- **Bezugsquelle** Globus, Handelshof, Karstadt
- **Preisklasse**
- **Qualitätsstufe**

Bulgarien hat eine tief verwurzelte Weinbautradition. Seit Jahrtausenden wird dort Wein kultiviert. Die klimatischen Bedingungen sind ideal. Einst genossen die Weine einen vorzüglichen Ruf. Der allerdings nicht bis in unsere Zeit reicht, denn der Kommunismus hat nicht nur die Weinkultur gründlich beschädigt, sondern auch die Menschen, die letztlich das Profil eines Weins prägen. Trotzdem: Bulgariens Weinbau ist ein hoffnungsvolles Pflänzchen – immer bessere Weine entstehen hier. Zur neuen Generation zählt dieser Chardonnay. Sein Duft erinnert angenehm und subtil an exotische Zitrusfrüchte, sein Geschmack ist vollmundig und frisch zugleich. Ein lebendiger und ausgewogener (→ S. 14) Wein. Perfekt zu asiatischer Küche, wenn sie nicht zu scharf ist.

Sungulare

Misket

- **Region** Sungulare
- **Rebsorte** Misket
- **Bezugsquelle** Karstadt, ausgewählte Edeka-Märkte
- **Preisklasse** ● ○ ○
- **Qualitätsstufe** 🍷🍷 (2 von 3)

Ein Schatz der bulgarischen Weinkultur sind ihre alten heimischen Rebsorten. Eine von ihnen ist Misket, eine duftige Rebe, die es nur noch in Bulgarien gibt. Sie ähnelt in ihrer Fruchtigkeit und dem betörenden Aroma dem Muskateller, ohne jedoch mit ihm verwandt zu sein. Die Trauben für diesen Misket wachsen in der Sungulare-Region im Osten des Landes, klimatisch beeinflusst von der Nähe des Schwarzen Meers. Der Duft des Weins ist verführerisch, erinnert an wilde Rosen und wird zugleich von herben Noten (→ S. 15) gezügelt. Im Mund bietet er ein harmonisches Spiel aus vitaler Frische und einem Hauch Süße.
Gut als sommerlicher Aperitif. Passt zu Currygerichten oder zu frischen Früchten wie Mango und Nektarine.

Santa Carolina

Chardonnay

- **Region** Rapel
- **Rebsorte** Chardonnay
- **Bezugsquelle** Globus, Intermarché, Karstadt, Spar, Wal-Mart; Ö: Adeg, Inter- und Eurospar, Magnet, Nah & Frisch, Spar
- **Preisklasse** ●●○
- **Qualitätsstufe** 1 von 3

Chiles Weinbau boomt, es herrscht Aufbruchstimmung. Die Entwicklung ist rasant, die Bedingungen sind ideal: In den großen Tälern zwischen dem Pazifik und dem Fuß der Anden ist das Klima ausgeglichen und warm. Beste Voraussetzungen, um risikoarm preisgünstige Wein zu produzieren, zumal die Arbeitskosten niedrig sind. In den letzten Jahren sind dort gigantische Hightech-Kellereien entstanden. Das Resultat sind unkomplizierte, solide Weine für jedermann. Der Duft des Santa-Carolina-Chardonnay erinnert an Mandarinen und Stachelbeeren und macht Lust auf den ersten Schluck, der mit Frische überrascht. Die leckeren Fruchtaromen wirken nicht aufdringlich, sondern fein abgestimmt.
Für Einsteiger. Schmeckt zu Fisch, Salaten oder Nudeln.

Santa Carolina

Sauvignon Blanc

- **Region** Rapel
- **Rebsorte** Sauvignon Blanc
- **Bezugsquelle** Globus, Intermarché, Karstadt, Spar, Wal-Mart
- **Preisklasse**
- **Qualitätsstufe**

Die Trauben für diesen limonenfrischen Sauvignon Blanc wachsen in Rapel, nördlich von Santiago. Dieses Weingebiet ist Teil des großen Zentraltals zwischen Anden und Pazifik, hier liegen die meisten Weinbaubetriebe Chiles. Die Reben wurzeln in fruchtbarem Boden, den die Asche von 50 Vulkanen nährt. Schmelzwasser der Anden bewässert die Weinstöcke. Die Chilenen lernen schnell, dieses Potenzial auszuschöpfen – die Traubenqualität ist in den letzten zehn Jahren ständig verbessert worden. Davon zeugt auch dieser spritzige Weißwein, der nach einem Hauch Schwarzer Johannisbeeren duftet. Im Mund wirkt er sehr gehaltvoll, die lebendige Säure (→ S. 15) sorgt für Schwung und Ausgewogenheit.

Passt zu Gemüseaufläufen, Reisgerichten, Salaten und Pute.

Achkarren

Grauer Burgunder »Trocken«

- **Region** Baden
- **Rebsorte** Grauburgunder (Pinot Grigio)
- **Bezugsquelle** Real, Marktkauf, ausgewählte Edeka-Märkte
- **Preisklasse** ● ● ○
- **Qualitätsstufe** 🍷 🍷 ○

Pinot Grigio heißt auf Deutsch Grauburgunder. Gute Grauburgunder schmecken charaktervoll. Leider sind sie in den Märkten rar. Es sei denn, man hält sich an eine solide badische Genossenschaft. Die Achkarrer Winzergenossen bieten für etwa fünf Euro eine beachtliche Qualität. Die Trauben sind auf den heißen vulkanischen Böden des Kaiserstuhls gewachsen, man spürt die Kraft des Bodens im Wein. Sie verleiht ihm Ausdruck und Eleganz. Duftet nach weißem Brot, schmeckt kräuterfrisch und kompromisslos trocken. Ein ungekünstelter und bodenständiger Wein, der sich angenehm vom Mainstream abhebt.
Perfekt zum Essen, etwa zu Nudeln ohne Tomaten, Kaninchen, Schnitzel, gebackenem Geflügel, Kartoffelsalat.

Riesling

Nahe Riesling Feinherb

- **Region** Nahe
- **Rebsorte** Riesling
- **Bezugsquelle** Rossmann

- **Preisklasse** ●○○
- **Qualitätsstufe** 🍷🍷🍷

Gutes Preis-Leistungs-Verhältnis

Riesling gilt Weinliebhabern weltweit als König des Weißweins. Er ist eine uralte Rebsorte, die auf kargem Gestein wächst. Der Riesling ist ein Feiner, er hat es am Stock gern kühl. Je kühler, desto differenzierter die Aromen, desto aufregender die Frische. Beides, kühles Klima und felsiges Terrain, findet er an der Nahe.

Der elegante Nahe Riesling wächst in besten Weinbergen, hat Aromen, die an Äpfel und reife Stachelbeeren erinnern. Er lebt von einem Spiel aus Frische und etwas Natursüße (→ S. 15), weshalb er als »feinherb« deklariert ist.

Ein Wein zum Entspannen. Weckt die Lebensgeister nach einem langen Arbeitstag. Toll zu Lachs oder zu asiatischer Küche, wenn sie nicht zu scharf ist.

Riesling

Schloss Johannisberger Riesling Trocken

- **Region** Rheingau
- **Rebsorte** Riesling
- **Bezugsquelle** ausgewählte Minimal- und HL-Märkte
- **Preisklasse** ●●○
- **Qualitätsstufe** 🍷🍷○

Hoch über dem Rhein thront Schloss Johannisberg. Das berühmteste Weingut am Rhein ist von Mythen umrankt. Auf Befehl Karls des Großen sollen dort die ersten Reben im Rheingau gepflanzt worden sein. Das Gut ist 900 Jahre alt, war einst Kloster, später im Besitz des österreichischen Fürsten Metternich und gehört heute der Familie Oetker. Obwohl hier oft Weltklasseweine entstanden, wurde die Qualität dem Ruf nicht immer gerecht. Erst in jüngster Zeit ist sie wieder besser geworden. Dieser Riesling ist der Basiswein des Guts. Sein Duft ist zurückhaltend, der Geschmack eingängig und gefällig. Herbe Saftigkeit und Vollmundigkeit bestimmen ihn. Ein betont fruchtiger Nervenkitzel, gut als erfrischender Aperitif oder zu Meeresfrüchten, Fisch, Frischkäse und Nudeln ohne Ketchup.

Chablis

Cave des Vignerons de Chablis

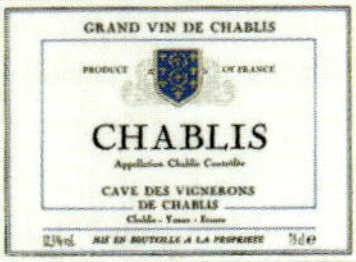

- **Region** Chablis
- **Rebsorte** Chardonnay
- **Bezugsquelle** Kaisers, Tengelmann
- **Preisklasse** ●●○
- **Qualitätsstufe** 1 von 3

Jahrzehntelang war Chablis der Inbegriff eines trockenen Weißweins, ja der weiße Klassiker schlechthin. Gleichzeitig aber ein überteuerter Modewein, wie dürftig er auch schmeckte. Inzwischen ist die Konkurrenz gottlob größer geworden, und damit auch die Alternativen. Gewiss, auf den Kalksteinböden des Chablis-Gebiets kann die Chardonnay-Traube ausdrucksstarke und mineralische Weine (→ S. 14) hervorbringen. Da die aber Geld kosten, sind trinkbare Chablis in Supermärkten kaum zu finden. Dieser Wein bildet eine erstaunliche Ausnahme. Er erfrischt mit klaren, zurückhaltenden Fruchtaromen, schmeckt elegant und nuanciert. Ein Sommerwein für etwa sechs Euro, der zu Fisch, Geflügel, mittelreifem Käse oder Meeresfrüchten mundet.

Gewürztraminer

Cellier du Pape St. Léon IX

- **Region** Elsass
- **Rebsorte** Gewürztraminer
- **Bezugsquelle** ausgewählte Minimal- und HL-Märkte
- **Preisklasse** ● ● ○
- **Qualitätsstufe** 🍷🍷🍷

Gutes Preis-Leistungs-Verhältnis

Die stolze Rose. Wer ihrem betörenden Duft einmal erlegen ist, vergisst das nicht mehr. Es gibt eine Weinpflanze, die der Rose im Wesen gleicht. Gewürztraminer. Sie ist eine der ältesten und edelsten Reben. Gelungene Weine aus ihr ähneln dem Duft gelber Rosen. Die Rebe gleicht einer launischen Primadonna, die ihr tiefes Parfüm verschwenderisch verströmt. Entweder man liebt oder man hasst es. Gute Gewürztraminer sind selten und nicht billig. Umso mehr fasziniert dieses klassische und preiswerte Exemplar für etwa sieben Euro. Keine Lightversion, sondern die ganze Dosis. Schmeckt trotzdem elegant. Gekonnt gemacht, mit etwas Natursüße (→ S. 15). Grandios zu deftiger Leber- und Blutwurst, Rotschmierkäse, gebratenem Lachs oder asiatischer Küche.

Riesling

Cuvée Anne-Laure

- **Region** Elsass
- **Rebsorte** Riesling
- **Bezugsquelle** ausgewählte Minimal- und HL-Märkte
- **Preisklasse** ● ● ○
- **Qualitätsstufe** 🍷🍷🍷

Gutes Preis-Leistungs-Verhältnis

Das Elsass ist die Heimat gehaltvoller und solide gemachter Weißweine. Von Moden halten die Winzer hier wenig, die Weine werden auch gemacht, um Deftiges wie Wurst, Speck, Innereien und Münsterkäse zu begleiten. Dieser beachtliche Eigensinn ignoriert den Zeitgeist und die Dogmen der Fitness-Gurus. Und macht das Elsass zu einer kulinarischen Oase. Allerdings zahlen die Winzer dafür einen schmerzlichen Tribut: Imageprobleme. Die Umsätze gehen zurück, obwohl die Qualität gestiegen ist. Das Potenzial der Region zeigt sich selbst in diesem relativ einfachen und preiswerten Riesling für etwa sechs Euro. Er schmeckt fein und subtil (→ S. 15). Im Mund gefällt seine leichtfüßige Eleganz (→ S. 14). Ein ausgewogen trockenes Trinkvergnügen. Gut zum Sinnieren. Begleitet gern Fisch, Sauerkraut und Aufläufe.

Sancerre

La Côte de Marloup

- **Region** Sancerre
- **Rebsorte** Sauvignon Blanc
- **Bezugsquelle** ausgewählte Minimal- und HL-Märkte
- **Preisklasse** ●●●
- **Qualitätsstufe**

Der Oberlauf der Loire mit seinem kühlen und nördlichen Klima ist die Heimat des Sauvignon Blanc. Aus seinen Trauben wird Sancerre gekeltert, ein trockener und säurebetonter Prestigetropfen, dessen Stil in der ganzen Welt kopiert wird.

Dieses Exemplar ist mit etwa neun Euro kein Schnäppchen, aber der beste Sancerre in den Märkten, den wir empfehlen können. Sein Duft ist interessant, offeriert mit vornehmer Zurückhaltung Nuancen, die an Grapefruit und reife Stachelbeeren erinnern. Man spürt diese frischen Fruchtaromen auch im Mund. Der Geschmack ist nachhaltig (→ S. 14) und leichtfüßig zugleich.

Passend als Aperitif und zu leichter Küche. Etwa zu Salaten, zu Geflügelgerichten, zu Ziegen- oder Frischkäse.

Mantinia

Boutari

- **Region** Peloponnes
- **Rebsorte** Moscophilero
- **Bezugsquelle** Familia, Globus, Karstadt, Ratio, ausgewählte Edeka-Märkte
- **Preisklasse**
- **Qualitätsstufe**

Gutes Preis-Leistungs-Verhältnis

Griechenland hat eine 5000-jährige Weinkultur. Es gibt erstklassige Rebsorten, deren Namen wir nicht aussprechen können. Doch was nützt dieser Schatz, wenn er im Dunkeln schlummert? Nun sind die Griechen endlich aufgewacht. Die Zeiten, in denen wir mit geharztem Retsina gequält wurden, sind gottlob vorbei. Die positive Stimmung vermittelt auch der Mantinia, gekeltert aus den Trauben der Moscophilero-Rebe. Sie gedeiht im Hochplateau von Mantinia auf dem Peloponnes. Die Sorte ist ein mediterraner Ureinwohner, ähnelt feinstem Muskateller. Ihr Duft betört mit Aromen von Wildrosen und Kräutern – ohne aufdringlich zu wirken. Man hat das Gefühl, mit jedem Schluck in die traubige Frucht zu beißen. Ein inspirierender Alltagswein, leicht und lebendig. Zu Oliven, Tsatziki und Gemüseaufstrichen.

Frascati

Conte Zandotti

- **Region** Latium
- **Rebsorten** Malvasia, Greco, Trebbiano
- **Bezugsquelle** Karstadt
- **Preisklasse** ●●○
- **Qualitätsstufe** 🍷🍷○

Mit Frascati ist es wie mit einem Song von Elvis Presley: Ausgelaugt durch unzählige Imitate, die das Original nie erreichen, scheint er nur noch ein Schatten seiner selbst zu sein. Frascati ist heute ein geschmacklich neutraler Standardwein in Pizzerias und gehört fast zum Inventar des Italoklischees in Deutschland. Mit dem Frascati von Zandotti treffen wir aber ein Original und sind verblüfft. Neugierig schnuppern wir am Glas, atmen den feinen Duft, der an Birnenkompott erinnert. Der Gaumen empfindet sanfte Frische, verbunden mit herber Saftigkeit (→ S. 15) und einem Hauch Honigmelone. Ein harmonischer und gefälliger Wein, gut und sorgfältig gemacht.
Zum Entspannen. Passt zu Pilzen, Huhn oder Fisch.

Gavi

Masseria dei Carmelitani

- **Region** Piemont
- **Rebsorte** Cortese
- **Bezugsquelle** Globus Kaufland, ausgewählte Edeka-Märkte

- **Preisklasse** ● ● ○
- **Qualitätsstufe** 🍷 🍷 ○

Die rund um das piemontesische Städtchen Gavi gelegenen Lehmböden werden schon seit über einem Jahrtausend für den Weinbau genutzt. Der Gavi, der aus der heimischen Cortese-Traube gekeltert wird, ist in Deutschland sehr beliebt. Freunde italienischer Lebensart verbinden mit ihm rätselhafterweise die Leichtigkeit der »ars vivendi«, obwohl die meisten bei uns angebotenen Gavi davon Lichtjahre entfernt sind. Anders der Masseria dei Carmelitani. Sein feiner und herber Duft erinnert angenehm an Orangenblüten, im Mund erfreut er mit spritziger Zitrusfrische. Ein gut gemachter und belebender Gavi.
Gut für den Sommer, zum Brunch oder zum Entspannen. Schmeckt zu Salaten, Oliven, Fisch, Meeresfrüchten.

Montalto

Grecanico-Chardonnay

Gutes Preis-Leistungs-Verhältnis

- **Region** Sizilien
- **Rebsorten** Grecanico, Chardonnay
- **Bezugsquelle** Globus, Hit, Intermarché, Kaufland, Marktkauf, Tegut, Toom, Real, Wal-Mart; Ö: Nah & Frisch
- **Preisklasse**
- **Qualitätsstufe**

Sizilianische Weine erfahren momentan einen Boom, weil immer mehr Winzer marktgerechte Weine produzieren und das Potenzial ihrer Reben ausschöpfen. Dazu gehört auch der weiße Grecanico. Die moderne Montalto-Kellerei keltert daraus einen weichen Wein, verschnitten (→ S. 15) mit Chardonnay. Er hat, was sich ein Einsteiger wünscht: Von allem etwas, aber nicht zu viel. Dementsprechend duftet dieser weiße Sizilianer ausgewogen nach Aromen, die an Vanille, Honig und Blüten erinnern. Auf der Zunge wirkt er angenehm durch eine Frische, die von schmeichelnder Fruchtigkeit begleitet wird.
Ein unkomplizierter Wein für vielerlei Anlässe, etwa für die Party und zum Essen. Schmeckt zu Fisch, Pute oder Huhn.

Pinot Grigio

Garganega delle Venezie

- **Region** Venetien
- **Rebsorten** Grauburgunder (Pinot Grigio), Garganega
- **Bezugsquelle** Rewe, Minimal, HL
- **Preisklasse** ● ○ ○
- **Qualitätsstufe** (1 of 3)

Pinot Grigio ist ein Synonym für einen Wein, der wenig Aufmerksamkeit erfordert, leicht, unkompliziert, zum Nebenbei-Genuss. Wie der Sound von Britney Spears oder den No Angels. In vielen Weinregalen steht gruseliger Pinot Grigio. Der hier vorgestellte Venetier ist eine Ausnahme.
Er ist verschnitten (→ S. 15) mit Garganega, einer weißen Rebsorte Nordostitaliens. Sein Duft erinnert dezent an Hefezopf, aber auch an feinherbe Zitrusfrüchte. Ein geradliniger Wein mit klaren Fruchtaromen. Saftig und anregend.
Ein Allrounder für Party und Picknick. Passt zu leichten Salaten, zu Nudeln mit hellen Saucen und zu Meeresfrüchten. Gut zu trinken auch beim sonntäglichen Brunch.

Verdicchio

dei Castelli di Jesi – Villadoro

- **Region** Marken
- **Rebsorte** Verdicchio
- **Bezugsquelle** Rewe, Minimal, HL
- **Preisklasse**
- **Qualitätsstufe**

Verdicchio ist *die* heimische weiße Rebsorte der Marken schlechthin. Sie steht für eine rasch aufstrebende Weinregion Mittelitaliens. Weil die Weine bislang nicht so prestigeträchtig wie die des Nordens sind, kann man hier (noch) viel Wein für relativ wenig Geld finden. Dieser Verdicchio duftet nach würzigen und kräutrigen Aromen und erinnert darin angenehm an blühende Akazien im Mai. Im Mund dagegen geht's nicht blumig, sondern ausgesprochen zünftig zur Sache: Glasklare Frucht, feinherbe Grapefruit-Noten (→ S. 15) und pikante Saftigkeit (→ S. 15) beleben die Sinne.

Ein ausgesprochener Terrassenwein für laue Abende. Gut zu Ziegenfrischkäse und Quark mit Schnittlauch und Zwiebeln.

Vermentino

Soldimela

- **Region** Toskana
- **Rebsorte** Vermentino
- **Bezugsquelle** Kaisers, Tengelmann
- **Preisklasse** ● ○ ○
- **Qualitätsstufe** ● ○ ○

Vermentino ist eine uralte mediterrane Rebsorte, die vor allem in Ligurien, Korsika und Sardinien die Zeiten überlebt hat und momentan auch in Südfrankreich unter der Bezeichnung »Rolle« wieder Aufmerksamkeit und Zuwendung erfährt. Viele Winzer im Mittelmeeraum besinnen sich auf das Potenzial vor ihrer Haustür, begreifen, dass ihre heimischen Rebsorten dem weltweit angebauten Chardonnay oft geschmacklich überlegen sind. Davon zeugt dieser toskanische Vermentino, der angenehm herb duftet. Im Mund gibt es ein pikantes, ausgewogenes Spiel, das von gefälliger Fruchtigkeit getragen wird.
Ein saftiger (→ S. 15) Wein für den Sommer und den Brunch. Passt auch gut zu Nudelgerichten und zu Salaten.

Vernaccia

Castelgreve

- **Region** Toskana
- **Rebsorte** Vernaccia
- **Bezugsquelle** Kaufmarkt, Karstadt
- **Preisklasse** ●●○
- **Qualitätsstufe**

Vernaccia di San Gimignano ist eine Spezialität, die auf Sandsteinböden rund um die mittelalterliche Stadt San Gimignano in der Toskana wächst. Dieser ordentlich und traditionell gemachte Wein profitiert davon, dass er von der seit Jahren in der Weinqualität zuverlässigen und beständigen Genossenschaft Grevepesa gekeltert wird. In seinem vielschichtigen Duft gibt es einiges zu erschnuppern, etwa Aromen, die an Kastanienblüten, vollreife Weintrauben und Grapefruit erinnern. Im Mund wirkt er füllig, feinherb und frisch. Die für Vernaccia typische zartbittere Saftigkeit (→ S. 15) schmeckt angenehm und harmonisch.
Ein Terrassenwein, der besonders zum Essen passt. Etwa zu gegrilltem Fisch, Pute oder Oliven.

Montana

Marlborough Sauvignon Blanc

- **Region** Marlborough
- **Rebsorte** Sauvignon Blanc
- **Bezugsquelle** Globus, Hit, Tegut, Real, Karstadt, Kaufhof; Ö: Adeg, Magnet, Merkur, Nah & Frisch, Spar, Inter- und Eurospar
- **Preisklasse** ●●○
- **Qualitätsstufe** 1 von 3

Auf den Inseln Neuseelands herrscht ein gemäßigtes Klima, ideal für den Weinbau. Dort können Weine von starker Geschmacksfülle, Fruchtigkeit und Frische entstehen. Gut gedeiht Sauvignon Blanc. Der von Montana stammt aus Neuseelands modernster Kellerei. Ein trockener Wein, der von Perfektionismus geprägt ist. Sein Duft verströmt intensive Fruchtaromen, die im Mund deutlich an Konfitüre von Kiwi und Schwarzer Johannisbeere erinnern. Dabei ist die süßliche Fruchtigkeit geschickt mit weich schmeckender Säure (→ S. 15) unterlegt. Alles ist exakt abgestimmt, auch der Alkoholgehalt ist moderat (12,5 Prozent).
Für Einsteiger. Passt zu Geflügel- und Reisgerichten mit Früchten wie Mango oder Ananas.

Leopoldi

Grüner Veltliner Ried Reipersberg

- **Region** Weinviertel
- **Rebsorte** Grüner Veltliner
- **Bezugsquelle** Rossmann
- **Preisklasse**
- **Qualitätsstufe**

Gutes Preis-Leistungs-Verhältnis

Das niederösterreichische Weinviertel ist ein versunkener Landstrich unweit der tschechischen Grenze. Wer hier durchfährt, will die ärmlich wirkenden Dörfer mit den Rebhügeln schnell hinter sich lassen. Aber das Potenzial des Weingebiets ist enorm. Hier herrscht unumstritten der Grüne Veltliner, ein österreichisches Nationalheiligtum. Im Weinviertel findet man noch urige Grüne Veltliner wie den Leopoldi von Winzer Leopold Maurer. Er duftet charaktervoll, hat klare Fruchtaromen, auch den typischen Pfefferton (→ S. 15), hier liebevoll »Pfefferl« genannt. Macht Lust auf den ersten Schluck. Ein delikater Weißer, leicht und spritzig. Ein Wein für viele Gelegenheiten. Besonders zu Schnitzel, Kartoffelsalat, Quark, Pellkartoffeln und deftiger Wurst.

Bairrada

Marqués de Marialva

WEISSWEIN Portugal

- **Region** Bairrada
- **Rebsorten** Bical, Maria Gomes (Fernão Pires)
- **Bezugsquelle** Handelshof, Karstadt
- **Preisklasse**
- **Qualitätsstufe**

Gutes Preis-Leistungs-Verhältnis

Portugiesische Weine werden immer besser. Dabei versuchen die Winzer ihre traditionellen Weinbaumethoden und Rebsorten zu bewahren. Viele Weine reifen in großen Holzfässern, moderne Technik wird sparsam eingesetzt. Das Resultat: viele Weine haben ein eigenes Profil. So auch der weiße Bairrada aus der gleichnamigen Weinregion in Zentralportugal, über deren Rebhügel salzige Winde vom nahen Atlantik wehen. Der weiße Bairrada wird aus zwei urportugiesischen Reben gekeltert. Sein Duft ist ganz eigen, verströmt Aromen, die an wilde Kräuter und Limonen erinnern. Im Mund fühlt er sich kräftig und lebendig an. Ein herber Typ mit Biss. Man spürt das Salz des Meeres auf der Zunge. Passt gut zu Fisch oder zu geschmortem Huhn.

Los Caminillos

Malvar

- **Region** Vinos de Madrid
- **Rebsorte** Malvar
- **Bezugsquelle** Rossmann

- **Preisklasse** ●○○
- **Qualitätsstufe** 1 von 3

Vinos de Madrid ist ein Weingebiet in Zentralspanien. Hier entstehen überwiegend Massenweine, die oft alkoholisch und robust schmecken. In diesem Landstrich mit großen Temperaturunterschieden gibt es aber auch Tropfen, die einen wunderbar eigensinnigen und spröden Charakter haben. Dazu gehört der weiße Los Caminillos. Er ist kein fruchtiger Schmeichler, sondern hat einen ruppigen Charme und kitzelt den Gaumen mit sanftbitteren Aromen, die an saftige Grapefruit und Olive erinnern. Schmeckt leicht und vital. Kein Kunstwerk, aber ein ungekünstelter Alltagswein für etwa drei Euro.

Man trinkt ihn eiskalt und nascht dazu Oliven, salzige Fische wie Sardellen oder Matjesfilet, Salzmandeln oder spanischen Hartkäse wie Manchego.

Marqués de Riscal

Rueda

- **Region** Rueda
- **Rebsorten** Verdejo, Sauvignon Blanc
- **Bezugsquelle** Hit, Ratio, Karstadt
- **Preisklasse** ●●○
- **Qualitätsstufe** 🍷 (1 von 3)

Spanien gilt vor allem als Rotweinland. Trotzdem gibt es dort auch viele interessante Weißweine, nicht zuletzt weil in vielen Gebieten viel Fisch in die Pfanne und auf den Tisch kommt. Geboren, um einen würdigen Partner beim Essen abzugeben, geizen die weißen Spanier nicht mit Säure und Herbe. Zu den besten Weißweinregionen Spaniens gehört Rueda. Diesen Ruf verdankt das Gebiet vor allem der hochwertigen heimischen Verdejo-Rebe, die der Stolz von Rueda ist. Der Marqués de Riscal vermählt sie mit dem Global Player Sauvignon Blanc. Eine geglückte Liaison. Duftig und lebendig, herb und zitronenfrisch. Ein Wein, der solo mundet, aber natürlich gern leichte Speisen von Fisch, Huhn und Pute begleitet. Auch asiatische Küche passt, die Speisen sollten aber nicht allzu scharf gewürzt sein.

Torres

Viña Sol

- **Region** Penedès
- **Rebsorte** Parellada
- **Bezugsquelle** Globus, Hit, Karstadt, Kaufhof, Real, ausgewählte Edeka-, Spar- und Famila-Märkte
- **Preisklasse** ● ● ○
- **Qualitätsstufe**

Die katalanische Familie Torres ist eine mächtige und ehrgeizige Weindynastie. Sie hat dem spanischen Weinbau erfolgreich einen Weg zwischen Tradition und Moderne geebnet. Inzwischen verfügt das familiäre Imperium weltweit über Weingüter, etwa in Kalifornien und Chile. Aber die Heimat des Clans ist das nordspanische Weingebiet Penedès. Dort zeigen unkomplizierte Alltagsweine, warum die Marke Torres ein globaler Primus ist. Viña Sol ist ein schlichter Weißer für etwa fünf Euro. Sein Bukett (→ S. 14) hat Aromen, die dezent an Ananas und Limone erinnern. Schmeckt leicht und schlank (→ S. 15). Erfreulich ist sein niedriger Alkoholgehalt (11 Prozent).
Ein einfacher Aperitif, der auch zu sommerlichen Salaten ohne Essig oder Zitrone passt.

Nederburg

Chardonnay

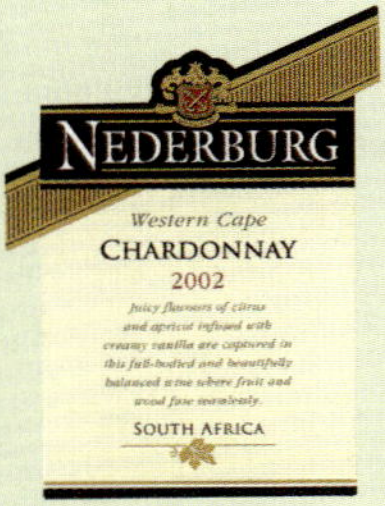

- **Region** Western Cape
- **Rebsorte** Chardonnay
- **Bezugsquelle** Extra, Hit, Intermarché, Real, Spar, Tegut, Wal-Mart, ausgewählte Edeka-Märkte
- **Preisklasse** ● ● ○
- **Qualitätsstufe**

Südafrikas Weine werden der so genannten Neuen Welt zugeordnet, die hier allerdings eine 400-jährige Weinbaugeschichte aufzuweisen hat. Das Land am Kap hat einst grandiose Süßweine hervorgebracht, die an Europas Fürstenhöfen als kostbare Klassiker geschätzt wurden. Nach Ende der Apartheid boomt die südafrikanische Weinwirtschaft, ihre Weine sind in der Alten Welt beliebter als je zuvor. Die Märkte werden mit unkomplizierten, preisgünstigen Weinen überschwemmt, die jedoch nicht immer halten, was sie versprechen. Eine solide Adresse ist die Nederburg-Kellerei in Paarl, etwa 50 Kilometer nordöstlich von Kapstadt. Dieser Chardonnay ist ein gehaltvoller Alltagswein, der seinen Schwung intensiven zitronigen Aromen verdankt. Passt zu exotisch gewürzten Gemüsegerichten.

Nederburg

Sauvignon Blanc

- **Region** Western Cape
- **Rebsorte** Sauvignon Blanc
- **Bezugsquelle** Extra, Hit, Karstadt, Kaufhof, Kaufland, Toom; Ö: Adeg, Magnet, Nah & Frisch

- **Preisklasse** ●●○
- **Qualitätsstufe** 1 von 3 Gläsern

Nederburg ist Südafrikas größter Weinbaubetrieb, der als Flaggschiff der südafrikanischen Weinindustrie gilt und 1937 von einem deutschen Einwanderer gegründet wurde. Der erste Wein, der damals entstand, war ein Riesling! Vor wenigen Jahren wurde die Kellerei mit modernster Weinbereitungstechnik ausgestattet. Das junge Weinmacherteam verfolgt einen modernen Weintyp. In die Western-Cape-Serie fließen Trauben aus verschiedenen Weingebieten der westlichen Kapregion ein. Der Nederburg Sauvignon Blanc kostet etwa fünf Euro. Sein Bukett (→ S. 14) geizt nicht mit Fruchtaromen, die an Stachelbeeren und die Blätter des Schwarzen Johannisbeerstrauchs erinnern. Im Mund lernt man einen kitzelig frischen Tropfen kennen, der gehaltvoll und pikant schmeckt. Passt zu Quark und Frischkäse.

Robertson Winery

Sauvignon Blanc

- **Region** Robertson
- **Rebsorte** Sauvignon Blanc
- **Bezugsquelle** Rewe, HL, Minimal, Toom
- **Preisklasse** ●○○
- **Qualitätsstufe** ●○○

Ein Wein aus der Halbwüste von Robertson, etwa 150 Kilometer östlich von Kapstadt gelegen. Oft sind es kalkhaltige Geröllfelder, in denen die Reben wurzeln. Monatelange Trockenheit ist keine Seltenheit. Einem extrem heißen Tag folgt die eisige Nacht. Aber die Weinpflanze ist zäh. Wenn sie starke Wurzeln hat, kann sie überleben. Das Resultat frappiert. Ausgerechnet in diesem lebensfeindlichen heißkalten Areal können interessante Weißweine entstehen. Dieser Sauvignon ist ein schlichter Alltagswein für etwa drei Euro. Er duftet nuanciert und fein. Mineralische Noten (→ S. 14) treffen auf Limonenfrische. Am Gaumen ist er von angenehm markanter Säure (→ S. 14) geprägt. Ein ausgesprochen leichter Wein. Gut zu mild gewürztem Kartoffelsalat, auch zu Blattsalaten ohne Essig oder Zitrone.

Ernest & Julio Gallo

Sauvignon Blanc – Sierra Valley

- **Region** Kalifornien
- **Rebsorte** Sauvignon Blanc
- **Bezugsquelle** Globus, Hit, Kaufland; Ö: Aktiv, Magnet, Maximarkt, Merkur, M-Preis, Spar, Inter- und Eurospar, Sutterlütty, Zielpunkt
- **Preisklasse** ●●○
- **Qualitätsstufe**

Ernest und Julio Gallo ist eine globale Weinmarke. Mit perfektem Marketing verändert der im kalifornischen Modesto beheimatete Familienkonzern die Weinwelt. Gallo-Weine werden mit modernster Weinbereitungstechnik produziert. Die geschmackliche Konzeption der Weine orientiert sich an Zielgruppenanalysen. Das Ergebnis besticht mit Zuverlässigkeit und Beständigkeit. Es ist stets ein unkomplizierter und erschwinglicher Wein, der einen breiten Publikumsgeschmack trifft. Weltweit. Sierra Valley ist die mittlere Preisklasse von Gallo. Der Sauvignon Blanc duftet appetitanregend, erinnert an frisch geschnittenes Gras und Johannisbeerblätter. Schmeckt intensiv und aromatisch. Passt zu exotisch gewürzten, leichten Gerichten von Fisch, Pute oder Huhn.

Woodbridge

Chardonnay – Mondavi

- **Region** Kalifornien
- **Rebsorte** Chardonnay
- **Bezugsquelle** Citti, Karstadt, Kaufhof, Wal-Mart, ausgewählte Edeka-Märkte; Ö: Merkur, Spar
- **Preisklasse** ●●○
- **Qualitätsstufe** 🍷 (1 von 3)

Der 90-jährige kalifornische Weinbaupionier Robert Mondavi hat ein börsennotiertes Weinimperium aufgebaut, das zu einem internationalen Konzern geworden ist. Von Spitzenweinen bis hin zu gehobenen Alltagsweinen reicht das Spektrum. Der Einstieg in die Welt der Robert-Mondavi-Weine sind Woodbridge-Weine. Sie sollen möglichst viele Konsumenten ansprechen und werden sorgfältig in der Kellerei bei Sacramento hergestellt. Modernste Technik und Knowhow werden eingesetzt. Trotz großer Mengen wird mit Engagement an den Weinen gearbeitet. Auch dieser Chardonnay zeugt von amerikanischer Perfektion. Vanillige Würzigkeit und aromenreiche Wucht sind geschickt ausbalanciert. Ein gehaltvoller Wein für Einsteiger, der zu kräftigen Fisch- und Geflügelgerichten passt.

Woodbridge

Cherokee Station – Mondavi

- **Region** Kalifornien
- **Rebsorten** Semillon, Chardonnay, Riesling
- **Bezugsquelle** Citti, Karstadt, Kaufhof, Wal-Mart, ausgewählte Edeka-Märkte; Ö: Merkur, Spar
- **Preisklasse**
- **Qualitätsstufe**

Cherokee Station ist eine neue Weinserie. Sie wird im kalifornischen Weinbaugebiet Lodi in der Woodbridge Winery hergestellt. Die neuen Cherokee-Station-Weine sollen an die Wurzeln der Winery (Weingut) erinnern, die früher Cherokee Station hieß und wo Robert Mondavi, kurz Bob, 1979 seinen Wein namens Bob White produzierte. Das war ein einfacher Tropfen, der verschiedene Weißweinsorten in einem Wein vereinte. Der Cherokee Station White unterscheidet sich von den kräftigeren Woodbridge-Weinen durch Leichtigkeit und zartere Fruchtaromen. Auf der Zunge gibt es eine schöne prickelnde Frische. Angenehm ist sein für kalifornische Verhältnisse niedriger Alkoholgehalt (11,5 Prozent). Für die sommerliche Grillparty. Gut auch zu gebackenem Fischfilet.

ROSÉWEIN

ROSÉ

Gute Rosés haben vom Rotwein die Kraft, vom Weißwein die Frische und die Leichtigkeit. Zu finden sind sie eher selten, besonders in den Märkten. Schlechter Rosé wird aus Trauben gemixt, die für andere Weine nicht akzeptabel sind. Guter Rosé wird indes nur aus gesunden Rotweintrauben gemacht. Und das hat seinen Preis. Wer etwas Solides bekommen möchte, darf deshalb nicht zu geizig sein.

Santa Carolina

Cabernet Sauvignon Rosé

- **Region** Rapel
- **Rebsorte** Cabernet Sauvignon
- **Bezugsquelle** Globus, Marktkauf
- **Preisklasse** ● ● ○
- **Qualitätsstufe** 🍷 🍷 ○

Roséweine sollen uns oft nur erfrischen und spielen im Konzert der Weine die zweite Geige. Wir kennen sie aus dem Urlaub im fernen Süden. Pinkfarben schillern sie in Gläsern, die eiskalt beschlagen sind, während uns die Sonne verbrennt. Wir stillen Durst und Lebenslust an ihnen, ohne den Geschmack tief zu hinterfragen. Zurück in der garstigen Heimat wollen wir das Rosétrinken wiederholen. Aber die meisten Rosés, die angeboten werden, sind ungenießbar, weil sie lieblose Verschnitte (→ S. 15) aus minderwertigen Rot- und Weißweinen sind. Der von Santa Carolina ist eine gelungene Ausnahme. Er füllt den Mund mit pikanter Fruchtigkeit (→ S. 14), Frische und feinherber Kraft.
Ein gehaltvoller trockener Wein für den Sommer und die Grillparty.

Delmio

Garnacha Rosado

- **Region** La Mancha
- **Rebsorte** Garnacha (Grenache)
- **Bezugsquelle** Rossmann
- **Preisklasse**
- **Qualitätsstufe**

Der Delmio wächst im Herzen Spaniens. La Mancha heißt die Gegend mit dem extremen Klima, das von eisigen Wintern und wüstenheißen Sommern bestimmt ist. Als Maskottchen hat sich die Weinregion den weltberühmten Don Quijote, den Ritter von der traurigen Gestalt gewählt. Hier entstehen vor allem Massenweine, um deren Image es nicht so gut bestellt ist. Ein Vorteil: Akzeptable Weine wie der Delmio kosten wenig. Gewiss, er hat ein schlichtes Gemüt, aber für etwa drei Euro bietet er Erfrischung ohne Reue. Ein einfacher, fruchtbetonter Rosé.
Für die einfache Sommerparty, aber auch zum Essen gut geeignet. Etwa zu Meeresfrüchten und sommerlichen Aufläufen. Es sollte eiskalt temperiert und getrunken werden.

Torres

De Casta Rosado

- **Region** Katalonien
- **Rebsorten** Garnacha (Grenache), Cariñena (Carignan)
- **Bezugsquelle** Globus, Hit, Karstadt, Kaufhof, Real, ausgewählte Edeka-, Spar- und Familia-Märkte

- **Preisklasse** ●●○
- **Qualitätsstufe** (1 von 3 Gläsern)

Starwinzer Miguel Torres hat sich mit Spitzenweinen einen Namen gemacht. In deren Windschatten segeln solide Trinkweine, mit denen der Familienkonzern Geld verdient. Der De Casta ist ein gefälliger, halbtrocken schmeckender Rosado. Er duftet ausgesprochen fruchtig und erinnert darin ein wenig an frische Himbeeren. Sein Geschmack hält, was der Duft verspricht. Ein Hauch Süße steht im angenehmen Kontrast zu sanftbitteren Aromen. Ein fruchtbetonter schlichter Rosé, appetitanregend und kräftig.
Eiskalt getrunken ist er eine unkomplizierte Erfrischung an heißen Sommertagen. Aber auch zu kalten Vorspeisen passt er gut, etwa zu eingelegtem Gemüse in Olivenöl, zu Oliven oder auch zu Seefisch und zu Meeresfrüchten.

ROTWEIN

Seit bekannt ist, dass Rotwein unser Leben verlängert, steigt seine Popularität rasant. In den Märkten sind Rotweine daher sehr präsent. Die weichen Roten aus Übersee verdrängen die Europäer – Chile und Südafrika liegen im Trend. Noch behaupten sich Spanien und Italien mit regionaltypischen Weinen. Besonders Süditalien und Portugal bieten Gutes. Griechenland ist im Aufbruch. Frankreich, vor allem Bordeaux, hat den Anschluss verpasst.

BÜCHER BEHR
KORNMARKT 4/5
38300 WOLFENBÜTTEL
TELEFON: 05331-9889-0
FAX : 05331-9889-30

TASCHENBUCH
SACHBUCH 6,90

Z.-SUMME 6,90
B A R 6,90
MWST 7% 0,45

100006.
SAM 22 JAN 2005 11:36:12

BÜCHER
BEHR
DIE BUCHHANDLUNG
AM KORNMARKT

1 ANZAHL 6,90

SUMME 6,90
BAR * 6,90
MWST 7% 0,45

000098
14 JAN 2005 11:34:12

BÜCHER
BEHR
DIE BUCHHANDLUNG
AM KORNMARKT

Finca Flichman

Syrah

- **Region** Mendoza
- **Rebsorte** Syrah (Shiraz)
- **Bezugsquelle** Globus, Karstadt
- **Preisklasse** ●●○
- **Qualitätsstufe** 1 von 3 Gläsern

Mendoza in Argentinien ist eines der bedeutendsten Weingebiete Südamerikas. Das Potenzial ist hier ähnlich groß wie beim Nachbarn Chile, doch die Unterschiede sind beträchtlich: Weinbau-Hightech hat das von Wirtschaftskrisen geschüttelte Land noch nicht flächendeckend erreicht, was durchaus Vorteile hat. Die Weine sind oft weniger austauschbar. Da sie in Deutschland noch kein Image haben, operieren die Händler mit niedrigen Preisen. Dazu gehört dieser Syrah, ein purpurroter Powertyp, der weihnachtlich duftet. Sein Geschmack erinnert denn auch an dunkle Schokolade, Lebkuchen und Brombeergelee. Ein Winterwein und Kraftprotz mit 14,5 Prozent Alkohol für etwa sechs Euro. Wärmt von innen. Passt besonders zu klassischen Braten von Gans, Wild oder Rind.

Santa Ana

Cabernet Sauvignon

- **Region** Mendoza
- **Rebsorte** Cabernet Sauvignon
- **Bezugsquelle** Hit, Marktkauf, ausgewählte Edeka-Märkte; Ö: Magnet, Nah & Frisch, Inter- und Eurospar
- **Preisklasse** ● ● ○
- **Qualitätsstufe** 1 von 3

Das Weingut Santa Ana liegt in einer faszinierenden Landschaft am Fuße der argentinischen Anden und wurde vor über 100 Jahren von einem Weinbaupionier gegründet. Dieser Cabernet Sauvignon trägt den Zusatz »Cepas Privadas«, was signalisiert, dass es sich um eine gehobene Qualitäts- und Preisklasse handelt. Der Wein reifte in Holzfässern, die verwendeten Trauben waren hochwertiger als bei einfachen Weinen des Hauses. So viel zum Weinmarketing – wichtiger ist, wie und ob der Wein mundet.

Er duftet nach würzigen Aromen, wirkt nuanciert und fein. Schmeckt äußerst weich und intensiv. Süßliche Fruchtigkeit (→ S. 15) trifft auf Herbheit. Ein sanfter Tropfen mit Reifenoten. Passt besonders zu Wildgerichten oder Gulasch.

Santa Ana

Malbec

- **Region** Mendoza
- **Rebsorte** Malbec
- **Bezugsquelle** Hit, Kaufland Marktkauf, Tegut, Wal-Mart; Ö: Adeg, Magnet, Merkur, Nah & Frisch, Spar, Inter- und Eurospar
- **Preisklasse** ● ○ ○
- **Qualitätsstufe** 1 von 3

Gutes Preis-Leistungs-Verhältnis

Malbec ist eine Weinpflanze, die aus Frankreich stammt, wo sie früher viel angebaut, später jedoch aus den Rebbergen verbannt wurde. In Argentinien hat sie eine neue Heimat gefunden und dankt es mit saftigen und würzigen Weinen. Malbec zählt heute zu den wichtigsten und meistangebautesten Rotweinsorten in den argentinischen Weingebieten längs der Anden. Der Malbec von Santa Ana geizt nicht mit seinen Reizen. Sein Duft erinnert an die Adventszeit, verströmt intensive Aromen, die an Zimt, Kardamom und Backpflaumen denken lassen. Umso mehr überrascht sein Geschmack, der gar nicht süßlich ist, sondern pikant und frisch. Ein gehaltvoller Wein mit Biss (→ S. 14). Für Einsteiger, die winterliche Party oder einfach zum Entspannen. Passt gut zu Lamm, Ente oder auch zu Chili con Carne.

Lehmann

Barossa Shiraz

- **Region** Barossa Valley
- **Rebsorte** Shiraz (Syrah)
- **Bezugsquelle** Globus, Hit, Marktkauf, Karstadt, Kaufhof, Tegut, Wal-Mart; Ö: Wein & Co
- **Preisklasse** ● ● ●
- **Qualitätsstufe**

Syrah ist eine alte Weinrebe, ihr Ursprung liegt im Dunkeln. In Frankreich entstehen aus ihr berühmte Weine, und in Australien ist sie unter dem Namen Shiraz sogar ein nationales Weinmonument geworden. Inzwischen ist sie zur internationale Modesorte avanciert, vor allem wegen des großen Erfolgs, den sie den Australiern gebracht hat. Die Shiraz-Mode kommt aus dem australischen Barossa-Tal. Hier ensteht auch der »Barossa«-Shiraz von Peter Lehmann, eine weltweit beachtete Marke. Was ist das Geheimnis des Weins? Der Barossa duftet intensiv, weckt Erinnerungen an Weihnachten und an Konfitüre. Schmeckt süßlich (→ S. 15) und fruchtig, wuchtig und samten. Er will vielen gefallen und kostet zehn bis zwölf Euro. Zum Entspannen. Gut zu Braten von Wild, Gans oder Ente mit süßlichen Saucen.

Lehmann

The Seven Surveys

- **Region** Barossa Valley
- **Rebsorten** Grenache, Shiraz (Syrah), Mourvèdre
- **Bezugsquelle** Globus, Hit Kaufhof, Tegut, Wal-Mart; Ö: Magnet, Nah & Frisch, Inter- und Eurospar
- **Preisklasse** ●●○
- **Qualitätsstufe** ●●○

Das Barossa Valley in Südaustralien wurde vor 150 Jahren vor allem von Deutschen besiedelt. Peter Lehmanns Vorfahren waren Missionare und pflanzten im Barossa-Tal wegen der australischen Hitze einst südfranzösische Reben. Heute ist Peter Lehmann eine der wichtigsten Figuren in der Weinindustrie des fünften Kontinents. Die Kreuz-Dame ist ihm ein Glücksbringer, weswegen Motive, die an diese Spielkarte erinnern, auf all seinen Etiketten zu sehen sind. So auch auf den Flaschen dieses wuchtigen Weins. Er ist ein Verschnitt (→ S. 15) aus drei ursprünglich südfranzösischen Rebsorten. Sein Geschmack lässt an Fruchtgelee denken, an Vanille, Backpflaumen und Kräuter. Wirkt kraftvoll und pikant, dabei weich und fruchtig. Passt gut zu Früchtebrot, Pflaumenkompott oder Rinderbraten und Rotkohl.

Penfolds

Rawson's Retreat – Shiraz Cabernet

- **Region** Südostaustralien
- **Rebsorten** Shiraz (Syrah), Cabernet Sauvignon
- **Bezugsquelle** Karstadt, Kaufhof
- **Preisklasse** ● ● ○
- **Qualitätsstufe**

Penfolds ist ein Big Player in der australischen Weinindustrie. Die Trauben des hier empfohlenen Einsteigerweins kommen aus verschiedenen Weinregionen Südostaustraliens. Penfolds hat wie alle globalen Weinkonzerne ein ausgeklügeltes Marketingkonzept. Dazu gehört ein Spektrum von Weinen, das fast alle Preisklassen abdeckt. Es reicht von Alltagsweinen bis hin zu teuren Spitzenweinen. Letztere sind wichtig für das Image, aber Geld wird mit zuverlässigen Massenweinen verdient, die mit dem Modernsten an Technik und Know-how erzeugt werden. Der Rawson's Retreat duftet üppig nach schwarzen Kirschen, Lakritze und Pflaumen. Der Geschmack ist säurearm und rund (→ S. 14), der Alkoholgehalt hoch (14,5 Prozent). Ein Wein für die kalte Zeit. Zu Currygerichten und zu Gegrilltem.

Allegro

Magura Winery

- **Region** Nordbulgarien
- **Rebsorten** Merlot, Gamza (Kadarka)
- **Bezugsquelle** Karstadt, ausgewählte Edeka-Märkte
- **Preisklasse** ● ○ ○
- **Qualitätsstufe** 1 von 3

Gutes **Preis-Leistungs-Verhältnis**

Dieser Wein vereint zwei sehr verschiedene Traubensorten, den internationalen Merlot und die bulgarische Gamza. Letztere Sorte ist auch als Kadarka bekannt und ist eine uralte Weinpflanze, die traditionell in ganz Südosteuropa angebaut wird. Die Weine sind selten bemerkenswert, aber in der nordbulgarischen Donauebene können aus der Gamza beachtliche Tropfen entstehen. Vom Potenzial der Gamza profitiert der Allegro. Er versteckt sich hinter einem mit Rosen und Gold verzierten rosaroten Etikett. Der Inhalt der Flasche ist jedoch alles andere als kitschig. Schmeckt pikant, überraschend ist sein rauer Auftritt und die ausgeprägte Fruchtigkeit. Ein ausdrucksvoller Wein mit robustem Charme. Leicht und appetitanregend. Besonders gut zum Essen, etwa zu Steaks und zu gebratener Leber.

Los Boldos

Cabernet Sauvignon

- **Region** Requinoa
- **Rebsorte** Cabernet Sauvignon
- **Bezugsquelle** HL, Kaufland Minimal, Rewe, Toom
- **Preisklasse** ● ● ○
- **Qualitätsstufe** 1 von 3

Der tiefrote, fast schwarze Wein aus dem chilenischen Weingebiet Requinoa kommt ganz und gar unbekümmert und kuschelweich daher. Er ist besonders süffig und schmeckt weder zu schwer noch zu intensiv. Hinzu kommen süßliche Aromen (→ S. 15), die an Waldfruchtkonfitüre und Schokolade denken lassen. Ein Gaumenstreichler ohne Ecken und Kanten. Für etwa fünf Euro. Geschickt konzipiert für junge Konsumenten, die einen Wein erwarten, der viel Frucht bietet und wenig Aufmerksamkeit fordert. Zu empfehlen als Einsteigerwein, etwa für die ersten bewussten Kontakte mit Wein. Gut zu trinken zum Entspannen in der Badewanne. Schmeckt mit Pizza, Gegrilltem oder zu luftgetrockneter Wurst und luftgetrocknetem Schinken.

Santa Carolina

Reservado – Merlot

- **Region** Colchagua Valley
- **Rebsorte** Merlot
- **Bezugsquelle** ausgewählte Hit- und Edeka-Märkte
- **Preisklasse** ● ● ○
- **Qualitätsstufe**

ROTWEIN Chile

Das Central Valley erstreckt sich in fast 500 Kilometer Länge zwischen den Anden und dem Südpazifischen Ozean. Dort wächst der chilenische Wein. Das große Tal gliedert sich in viele kleine Täler. In den besten davon hat das Weingut Santa Carolina große Rebflächen angelegt, die mit Schmelzwasser aus den Anden künstlich bewässert werden. Im Colchagua Valley gedeiht der Merlot gut, seine Trauben sind in diesen Reservado geflossen. Reservado markiert eine höhere Qualität als einfache Santa-Carolina-Weine. Er ist ein von voll ausgereiften Trauben geprägter säurearmer Rotwein. Enorme Fruchtigkeit zeichnet ihn aus, zudem Vollmundigkeit. Zum Relaxen. Schmeckt besonders gut zu Wildgerichten mit süßlichen Fruchtsaucen.

Viña Tarapacá

Reservado – Cabernet Sauvignon

- **Region** Maipo Valley
- **Rebsorte** Cabernet Sauvignon
- **Bezugsquelle** Real, Marktkauf
- **Preisklasse**
- **Qualitätsstufe**

Viña Tarapacá ist ein altes Weingut mit hochmoderner Weinbereitungstechnik. Es liegt unweit von Santiago, im Maipo Valley. Der gute Ruf dieses ältesten Weinbaugebiets der Andenrepublik beruht auf seinem Cabernet Sauvignon. Das Klima ist beständig warm, was eine besonders gute Reife der Cabernet-Trauben ermöglicht. So entstehen in Verbindung mit dem kellertechnischen Know-how säurearme, runde Weine (→ S. 14). Dieser Reservado ist geprägt von süßlicher Fruchtigkeit und Würzigkeit. Ein smarter Wein, der gehaltvoll, aber nicht plump schmeckt. Seine 13 Prozent Alkohol sind für chilenische Verhältnisse moderat. Ein solide gemachter Chilene. Ein Winterwein. Gut zu kräftigen Fleischgerichten wie Rindsrouladen und Steaks.

Barrique

Spätburgunder Trocken – Hex vom Dasenstein

- **Region** Baden
- **Rebsorte** Spätburgunder (Pinot Noir)
- **Bezugsquelle** Karstadt, Kaufhof, ausgewählte Spar- und Edeka-Märkte
- **Preisklasse** ● ● ○
- **Qualitätsstufe** 🍷🍷 (2 von 3)

Barrique ist das Wort für teure Eichenholzfässchen, die in Deutschland bis über 300 Liter Wein fassen. Lässt man kraftvolle Weine darin reifen, können sie an Ausdruck gewinnen, da das Eichenholz den Weinen vanillige Aromen verleiht. Viele Winzer setzen die Barrique deshalb zum Aromatisieren ein. Neuerdings werden Eichenholzspäne oder Aromatropfen in den Wein geschüttet. Das ist billiger. In Deutschland ist das gottlob noch verboten. Dieser Spätburgunder reifte zehn Monate in Barriques, was ihm gut bekommen ist. Sein Bukett (→ S. 14) ist ausgewogen, duftet dezent nach Vanille und Röstaromen wie Kaffee und Toastbrot. Füllt den Mund mit rauer Fruchtigkeit. Ein herber, aber freundlicher Wein zum Sinnieren und Entspannen. Passt besonders gut zu Wild.

Oberkircher

Spätburgunder Trocken

- **Region** Baden
- **Rebsorte** Spätburgunder (Pinot Noir)
- **Bezugsquelle** Rossmann, Handelshof
- **Preisklasse** ● ● ○
- **Qualitätsstufe**

Gutes **Preis-Leistungs-Verhältnis**

Obwohl Deutschland ein klassisches Weißweinland ist, geschieht hier seit 15 Jahren ein Rotweinwunder. Dabei kommt den Winzern die globale Klimaerwärmung zu Hilfe. Besonders in Baden gibt es ordentlich gemachte Rote aus der anspruchsvollen Rebsorte Spätburgunder alias Pinot Noir, die als feinste aller roten Reben gilt. Sie ist eine Zicke im Weinberg, verlangt viel Zuwendung und das ganze Können der Winzer. Geschmacksintensive Weine erfordern hohe Kosten. Umso erstaunlicher ist dieser Wein für etwa fünf Euro. Er stammt von der Oberkircher Winzergenossenschaft. Sein Duft ist ausgesprochen feinwürzig, erinnert angenehm an Heidekraut. Ein leichter und sanfter Roter, saftig und fruchtig. Lässt sich gut solo trinken. Schmeckt aber auch zu Kohlrouladen oder zu Schweinefilet.

Côtes du Rhône

Réserve Grand Veneur

- **Region** Südliche Rhône
- **Rebsorten** Grenache, Syrah, Cinsault
- **Bezugsquelle** Rossmann
- **Preisklasse** ● ● ○
- **Qualitätsstufe** 🍷🍷🍷

Côtes du Rhône heißt ein gewaltiges Weingebiet in Südfrankreich am Unterlauf des Flusses Rhône. Die Reben wachsen in flirrender Hitze, die Luft duftet nach Pinien und Lavendel. Der ebenfalls Côtes de Rhône genannte Wein ist die einfachste Qualitätsstufe im Gebiet, ein unberechenbares Alltagsgetränk. Aber einige Weine ragen heraus, verkörpern die wilde Eigenart dieser Gegend. Der hier vorgestellte duftet zurückhaltend und pfeffrig. Im Mund gibt es eine Spannung aus Tanninstrenge (→ S. 15) und charismatischer Frucht. Sie erschließt sich Schluck für Schluck und tapeziert schließlich den Gaumen mit dem Aroma frischer Pflaumen. Ein herber und schöner Wein mit Intensität und vielen Gesichtern. Kostet etwa sieben Euro. Köstlich zu gebratenem Lamm, Hähnchen oder Gemüse.

Les Trois Moulins

Cabernet Sauvignon – Vin de Pays d'Oc

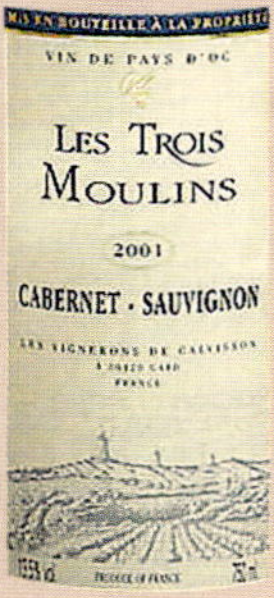

- **Region** Südfrankreich
- **Rebsorte** Cabernet Sauvignon
- **Bezugsquelle** Rossmann
- **Preisklasse**
- **Qualitätsstufe**

Vin de Pays d'Oc bezeichnet Südfrankreichs Landweine. Die einfachen und preiswerten Tropfen mit südlichem Akzent hatten jahrelang in Deutschland das Image, ein Stück ehrliches und unverfälschtes Südfrankreich zu verkörpern. Damit verbanden sich trockene und bekömmliche Weine, die massenweise produziert wurden, viele Deutsche stillten an ihnen für wenig Geld ihr Fernweh nach dem Süden. Leider enttäuschen diese Weine immer öfter, sie schmecken unharmonisch und sind ihren Preis nicht wert.

Der Cabernet Sauvignon Les Trois Moulins ist indes akzeptabel. Ein süffiger Südfranzose. Fruchtbeont, weich und schlicht. Nicht mehr, nicht weniger. Passt zu einfacher Alltagskost wie Nudeln, Pizza, herzhafter Wurst oder zu geräuchertem Schinken. Kostet knapp vier Euro.

Kretikos

Boutari

- **Region** Kreta
- **Rebsorten** Kotsifali, Mandilaria
- **Bezugsquelle** Familia, Globus, Handelshof, Hit, Karstadt, Kaufhof, Ratio, ausgewählte Edeka- und Spar-Märkte
- **Preisklasse** ● ○ ○
- **Qualitätsstufe**

Gutes Preis-Leistungs-Verhältnis

Kretischer Wein war bis vor wenigen Jahren noch ein Trank, den man im Urlaub auf Kreta tapfer zum Essen hinunterspülte und vor dem eigenen Geschmack schönredete. Doch diese Zeiten sind langsam vorbei. Der griechische Weinbau entdeckt sein bislang brachliegendes Potenzial. Enthusiastisch und rasant suchen die Griechen mit makellosen Weinen den Zugang zu den internationalen Märkten. Und locken mit reizvollem Preis-Leistungs-Verhältnis.
Der Kretikos erinnert in Duft und Geschmack an wilde Thymianbüsche, die in der kretischen Sonne verdorren, ihr rauchiger Geruch ist charakteristisch für die Insel. Ein leichter Landwein für etwa drei Euro. Samtweich und bekömmlich. Gut zu Hackfleisch oder zu Aufläufen.

Naoussa

Boutari

- **Region** Naoussa
- **Rebsorte** Xinomavro
- **Bezugsquelle** Familia, Globus, Handelshof, Hit, Karstadt, Kaufhof, ausgewählte Edeka- und Spar-Märkte
- **Preisklasse**
- **Qualitätsstufe**

Gutes Preis-Leistungs-Verhältnis

Griechenland ist die Wiege der europäischen Weinkultur. Die antiken Griechen verbreiteten die Reben rund um das Mittelmeer und das Schwarze Meer. Heute erlebt Griechenland eine Erneuerung seines Weinbaus. Besonders Nordgriechenland ist geeignet für ausdrucksstarke Weine. Dort befindet sich auch das Weingebiet Naoussa. Sein Star ist die hochwertige Xinomavro-Rebe.
Aus ihren Trauben entsteht der Naoussa von Boutari. Schmeckt saftig und würzig, wird von angenehmer Säure belebt. Ein eigenständiger Grieche für vier bis fünf Euro mit nur 12 Prozent Alkohol. Charaktervoll, ausgewogen (→ S. 14) und gut zu trinken. Ein nicht zu schwerer Wein für die kühlen Jahreszeiten. Passend aber auch zu Gegrilltem.

Nemea

Boutari

Gutes Preis-Leistungs-Verhältnis

- **Region** Nemea
- **Rebsorte** Agioritiko (St.-Georgs-Rebe)
- **Bezugsquelle** Familia, Globus, Karstadt, Kaufhof, Ratio, ausgewählte Edeka- und Spar-Märkte
- **Preisklasse** ● ○ ○
- **Qualitätsstufe** 1 von 3

Dieser Wein wurde aus Trauben der edlen griechischen Agioritiko-Rebe gewonnen, zu Deutsch St.-Georgs-Rebe. Sie wächst im hochgelegenen nordgriechischen Weingebiet Nemea. Dort ist das Klima kühler als im heißen Süden des Landes. Die Trauben reifen langsamer und können dadurch hocharomatische Weine ergeben.

Der rote Nemea aus dem Hause Boutari duftet intensiv nach Thymian und geräuchertem Schinken. Schmeckt fein und harmonisch. Ein würziger und kräftiger Roter, angenehm weich und fruchtig. Trotz seines intensiven Geschmacks ist sein Alkoholgehalt erfreulich niedrig. Ein bekömmlicher und origineller Sommer- und Partywein für drei bis vier Euro. Passt gut zu würzigen Gemüseaufstrichen, Gulasch und Lamm.

Shiraz Shomron

Vineyards Selected

- **Region** Shomron
- **Rebsorte** Shiraz (Syrah)
- **Bezugsquelle** Kaufhof
- **Preisklasse** ●●○
- **Qualitätsstufe**

Israels Weinbau reicht in uralte Zeiten zurück. Arabische Einflüsse unterbrachen immer wieder die Weinkultur im Heiligen Land. Erst vor hundert Jahren entstand eine kleine Weinwirtschaft. Damals pflanzten jüdische Siedler südlich von Haifa in Shomron die ersten Weinstöcke. Heute ist Shomron Israels größtes Weinbaugebiet. In den letzten Jahren ist die Qualität verbessert worden. Wein entsteht strikt koscher, nach streng kontrollierten Reinheitsgeboten. Der Vineyards Selected leuchtet rubinrot im Glas, duftet angenehm nach getrockneten Pflaumen und Kräutern. Sein feiner und herber Geschmack ist von markanter Säure (→ S. 15) unterlegt. Moderat ist der Alkoholgehalt (12 Prozent). Begleitet gern luftgetrocknete Wurst und Hartkäse.

Amarosso

Marche Rosso

- **Region** Marken
- **Rebsorten** Montepulciano, Cabernet Sauvignon, Merlot
- **Bezugsquelle** Rossmann
- **Preisklasse** ●●○
- **Qualitätsstufe** ●●○

Gutes Preis-/Leistungsverhältnis

Das mittelitalienische Weingebiet Marken hat ein enormes Potenzial, das leider brachlag, weil die Winzer aus den Trauben überwiegend billige Massenweine produzierten. Aber nun ist alles in Bewegung geraten, es gibt dort spannende und für italienische Verhältnisse preiswerte Weine. So auch den Amarosso. Duftet verschwenderisch nach Likörkirschen und Punsch. Macht Lust auf den ersten Schluck. Der schmeckt saftig, pikant und kraftvoll. Hat Biss (→ S. 14). Verkörpert den Geschmack vollreifer Kirschen, gepaart mit kräftigen Röstaromen wie Kaffee. Ein fröhlicher, einfacher und rustikaler Wein für etwa sechs Euro. Er will unterhalten und ein netter Essensbegleiter sein. Das gelingt ihm. Besonders zu Schinken oder Braten von Wild und Rind.

Barbera d'Asti

Terredavino

- **Region** Piemont
- **Rebsorte** Barbera
- **Bezugsquelle** Globus, Kaufland, Tegut, Rossmann; Ö: Adeg, Magnet, Merkur, Nah & Frisch
- **Preisklasse** ●●○
- **Qualitätsstufe**

In seiner piemontesischen Heimat galt der ertragreiche und tanninarme Barbera lange Zeit als minderwertige Rebsorte, aus der überwiegend bäuerlich schlichte Weine erzeugt wurden. Heute findet man in Piemont noch immer zahlreiche traditionell erzeugte Alltagsweine, doch entstehen aus der Barbera-Traube auch prestigeträchtige und faszinierende Spitzenweine. Bekannt sind die Barberas aus den Gebieten Alba und Asti. Der Barbera d'Asti von Terredavino ist ein ungeschminkter und pikanter (→ S. 14) Rotwein. Mit seinen feinen säuerlichen und würzigen Fruchtaromen wirkt er leicht und erfrischend.
Ein Wein für die Alltagsküche: Passt zu Pizza, Aufläufen oder zu Schmorgemüse.

Bardolino Classico

Lamberti Santepietre

- **Region** Venetien
- **Rebsorten** Corvina, Rondinella, Molinara, Negrara
- **Bezugsquelle** Familia, HL, Minimal, ausgewählte Edeka- und Spar-Märkte
- **Preisklasse** ● ○ ○
- **Qualitätsstufe** 1 von 3

Der Bardolino Classico von Lamberti kommt aus dem Rebland südöstlich des Gardasees. Diese Weinregion überflutet die Welt seit Jahrzehnten mit Massen von Bardolino, Valpolicella und Soave. Um so mehr erstaunt es, wie grundsolide sich dieses Exemplar präsentiert. Sein Duft ist würzig, er erinnert dezent an wilde Kräuter und rote Johannisbeeren. Auf der Zunge wirkt der Bardolino pikant (→ S. 14) und frisch mit rustikalem Einschlag. Hinzu kommen die typischen herben Aromen, die sich zurückhaltend und höflich betragen. Der Wein ist angenehm durch seine Frische, seine Leichtigkeit und seinen niedrigen Alkoholgehalt (12 Prozent).

Ein unkomplizierter Rotwein für den Sommer, der besonders gut zu Reisgerichten passt.

Barolo

Terredavino

- **Region** Piemont
- **Rebsorte** Nebbiolo
- **Bezugsquelle** Globus, Hit, Kaufland, Tegut, ausgewählte Edeka-Märkte
- **Preisklasse** ●●●
- **Qualitätsstufe**

Mit Barolo verbinden viele Weinliebhaber einen prestigeträchtigen italienischen Rotwein mit tiefgründigen Geschmackswelten. Der Barolo von Terredavino steht für etwa 15 Euro im Supermarktregal, im Fachhandel kosten einfache Baroli oft das Doppelte. Er ist ein grundsolides Exemplar traditioneller Machart. Sein Duft ist fein, voll herber und süßlicher Aromen wie Brombeeren und Walderdbeeren. Im Mund gibt es ein elegantes und nuanciertes Spiel zwischen pikanter Frucht und Tanninstrenge (→ S. 15). Ein rauer und zugleich süffiger Norditaliener.
Schmeckt auch noch in drei Jahren. Passt besonders zu Wild jeglicher Art: von kalten Pasteten über Kurzgebratenes bis hin zum Braten mit leicht süßlicher Sauce.

Cannonau

Nepente di Oliena

- **Region** Sardinien
- **Rebsorte** Cannonau
- **Bezugsquelle** Karstadt
- **Preisklasse** ●●●
- **Qualitätsstufe**

Sardische Weine erleben in jüngster Zeit eine Renaissance. Alte einheimische Rebsorten sorgen für geschmackliche Abwechslung gegenüber Global Players wie Merlot und Cabernet Sauvignon. Dieser interessante Rote von der sardischen Cannonau-Rebe profitiert vom mediterranen Potenzial. Er duftet nach punschigen und würzigen Aromen. Im Mund hat er einen beeindruckenden und kraftvollen Auftritt, bei dem seine Fruchtigkeit von herber Frische aufgelockert wird. Ein Wein mit geschmacklicher Dichte und Nachhaltigkeit (→ S. 14). Trotzdem fallen die 14,5 Alkoholprozente schwer ins Gewicht.

Ist besonders zu empfehlen als Begleiter zu kräftigen Speisen: Braten vom Wild, von Rind oder Gans.

Chianti

Sassifratti

- **Region** Toskana
- **Rebsorten** Sangiovese, Canaiolo, Trebbiano, Malvasia
- **Bezugsquelle** Globus, Handelshof, Karstadt, ausgewählte Edeka-Märkte
- **Preisklasse**
- **Qualitätsstufe**

Chianti ist eine der gesetzlich geschützten Qualitätsbezeichnungen für den einfachen Rotwein aus dem Chianti-Gebiet der Toskana. Sie besagt, dass die Trauben für diesen Wein nicht im Kerngebiet des Chianti wachsen, dem Chianti Classico, sondern in entfernteren Gegenden. Qualitativ hat das allerdings kaum Bedeutung. Das zeigt der Sassifratti, ein gelungenes Beispiel für den traditionellen Chianti-Typ. Sein Duft ist dezent pfeffrig mit Aromen, die an Lakritze und Veilchen erinnern. Am Gaumen wirkt er säurefrisch und appetitanregend, begleitet von rauer Fruchtigkeit. Der Rote ist ein leichter und kerniger Klassiker mit Biss (→ S. 14). Schmeckt besonders gut zum Essen. Etwa zu Pizza, Pasta und zu Aufläufen.

Chianti Classico

Contessa di Radda

- **Region** Toskana
- **Rebsorten** Sangiovese, Canaiolo
- **Bezugsquelle** Globus, Marktkauf
- **Preisklasse** ●●●
- **Qualitätsstufe**

Das Chianti Classico ist das historische Herzstück des Chianti-Gebiets in der Toskana. Sein Gütesiegel ist die Banderole mit dem »Gallo Nero« am Flaschenhals, dem schwarzen Hahn. Der Gockel ist jedoch keine Qualitätsgarantie, denn das Spektrum weist Glanz und Elend auf, reicht von überteuerten Massenweinen bis hin zu raren Charaktertropfen. Selten sind solide Basisqualitäten. Dazu gehört zweifellos der Contessa di Radda, ein für das Gebiet typischer und mit Sorgfalt gemachter Chianti Classico. Er besitzt eine feine und tanninbetonte Fruchtigkeit (→ S. 14), schmeckt pikant und leicht mit einem zartbitteren Touch.
Passt gut zum Essen. Etwa zu Lamm oder mild gewürzten Bohnengerichten.

Chianti Classico

Montegiachi Riserva

- **Region** Toskana
- **Rebsorten** Sangiovese, Canaiolo
- **Bezugsquelle** Globus, Kaufland, Marktkauf
- **Preisklasse** ●●●
- **Qualitätsstufe**

Die Bezeichnung Riserva steht für die gesetzlich höchste Qualitätsstufe des Chianti Classico, was aber nicht in jedem Fall eine Spitzenqualität garantiert. Der Montegiachi für etwa zehn Euro ist indes ein stimmiger und ausgewogener (→ S. 14) Tropfen. Er kommt aus dem Hause Geografico, einem Großbetrieb, der seit Jahren einen guten Qualitätsstandard pflegt. Duftet harmonisch nach gedörrten Pflaumen, im Mund steht eine zartbittere und zugleich punschige Frucht im Vordergrund. Diese betont klassische Riserva schmeckt subtil, herb und leicht. Momentan der beste Supermarkt-Chianti.

Schmeckt besonders gut zu Gerichten wie Wildgulasch, Perlhuhn und Tomaten-Paprika-Gemüse.

Cirò Rosso

Librandi

- **Region** Kalabrien
- **Rebsorte** Gaglioppo
- **Bezugsquelle** Globus
- **Preisklasse** ●●○
- **Qualitätsstufe**

Gutes Preis-Leistungs-Verhältnis

ROTWEIN Italien

Das Weingut Librandi ist seit Jahrzehnten ein Spitzenerzeuger in Kalabrien. Der Cirò Rosso Classico, erzeugt aus der Gaglioppo-Rebe, symbolisiert den Aufbruch des italienischen Südens im Weinbau. Gaglioppo-Weine sollen schon in der Antike den Olympioniken gereicht worden sein. Librandi hat dem Mythos neues Leben eingehaucht. Cirò steht für regionaltypischen Wein, der im besten Wortsinne bodenständig ist. Er leuchtet mit transparentem Rubinrot im Glas. Sein Duft ist wild, sein Geschmack rau und elegant (→ S. 14), getragen von schönen Wildfruchtaromen. Flüssiges Kalabrien mit viel Charakter.

Der Cirò schmeckt anfangs jugendlich herb, nach zwei Jahren angenehm weich. Gut zu Wild und Oliven.

Fradiabolo

Montepulciano d'Abruzzo

- **Region** Abruzzen
- **Rebsorten** Montepulciano, Sangiovese
- **Bezugsquelle** HL, Minimal, Rewe
- **Preisklasse**
- **Qualitätsstufe**

Montepulciano ist eine Rebsorte in Mittelitalien, hat aber nichts zu tun mit dem gleichnamigen Bergstädtchen in der Toskana. Die Heimat der Rebe ist die Massenweinregion Abruzzen, die unweit von Rom beginnt. Der Fradiabolo ist ein geradliniger, einfacher und solide gemachter Roter für den Alltag. Er duftet unaufdringlich nach Brombeeren und Heidelbeeren. Am Gaumen hat er den für die Weine der Gegend typischen Biss (→ S. 14), der Herbe und Säurefrische vereint. Sanftbittere Tannine (→ S. 15) begleiten seine Saftigkeit. Ein appetitanregender und leichter Rotwein mit moderatem Alkohohlgehalt (12,5 Prozent).
Für den Sommer und die Terrasse. Schmeckt besonders gut zu Schinken und zu Gulasch.

Merlot

Lamberti Santepietre

- **Region** Venetien
- **Rebsorte** Merlot
- **Bezugsquelle** Familia, HL, Minimal, ausgewählte Spar-Märkte
- **Preisklasse** ● ○ ○
- **Qualitätsstufe** 1 von 3

Die Kellerei Lamberti in Lazise am Gardasee verwendet für ihre Santepietre-Serie Trauben aus eigenen Weinbergen. Dadurch kann die Weinqualität besser beeinflusst werden. Santepietre-Weine besitzen eine Zuverlässigkeit, die bei europäischen Massenweinen selten ist. Man versucht auch nicht die industriellen Überseeweine zu kopieren, sondern pflegt einen norditalienischen Weinstil. Der saftige und ausgewogene Merlot von Lamberti ist ein gutes Beispiel dafür. Angenehm die geglückte Verbindung von Leichtigkeit und pikanten Geschmacksnoten (→ S. 14).
Eine Alternative zu Primeur-Weinen. Zudem ein Partywein, der auch gut zum Essen passt, so zu luftgetrockneten Würsten, luftgetrocknetem Schinken und zu Nudelgerichten.

Montalto

Nero d'Avola

- **Region** Sizilien
- **Rebsorte** Nero d'Avola
- **Bezugsquelle** Globus, Hit, Intermarché, Kaisers, Tengelmann, Kaufland, Marktkauf, Tegut, Toom, Real, Wal-Mart; Ö: Adeg, Merkur, Nah & Frisch
- **Preisklasse** ●○○
- **Qualitätsstufe** 1 von 3

Gutes Preis-Leistungs-Verhältnis

Seit etwa 5000 Jahren wird am Mittelmeer, der Wiege der europäischen Weinkultur, Wein angebaut. Hier gibt es einen reichen Schatz an alten einheimischen Rebsorten. Eine davon ist Nero d'Avola, die wohl hochwertigste Traube Siziliens. Sie liefert den Stoff für den gehaltvollen Montalto. Eingebettet in süßliche, intensive Fruchtigkeit (→ S. 14), tritt er im Mund weich auf. Maskuline (→ S. 14) und frische Noten sorgen für geschmackliche Abwechslung. Ein wuchtiger, nachhaltiger (→ S. 14) Roter. Er verkörpert einen robusten mediterranen Weintyp.

Der Montalto regt den Appetit an. Er passt gut zu vegetarischen Speisen wie gebratenem Gemüse und Aufläufen mit Tomaten. Aber auch zu Braten von Schwein oder Lamm.

Montalto

Sangiovese – Syrah

- **Region** Sizilien
- **Rebsorten** Sangiovese, Syrah
- **Bezugsquelle** Globus, Hit, Kaufland, Marktkauf, Tegut, Toom, Real, Wal-Mart; Ö: Adeg, Merkur, Nah & Frisch
- **Preisklasse**
- **Qualitätsstufe**

Dieser Wein vereint zwei sehr verschiedene Rotweintrauben, Syrah und Sangiovese. Syrah ist eine internationale Trendsorte, die momentan bei vielen Konsumenten beliebt ist. In diesem Wein sorgt sie für Fülle, Fruchtigkeit und schokoladige Aromen. Von der charaktervollen, herben italienischen Sorte Sangiovese, die immerhin den Hauptteil des Weins ausmacht, ist allerdings kaum etwas zu schmecken. Das Ergebnis der ungleichen Verbindung ist ein gehaltvoller, nicht besonders eigenständiger Roter. Sein Geschmack ist außerordentlich fruchtig, die intensiven Aromen erinnern an Waldbeerkonfitüre.
Unkomplizierter Einsteigerwein. Passt zu Gegrilltem mit Tomatensaucen. Auch zu eingelegtem Gemüse in Olivenöl.

Tria

Syrah

- **Region** Sizilien
- **Rebsorte** Syrah
- **Bezugsquelle** Handelshof, Karstadt
- **Preisklasse** ●●○
- **Qualitätsstufe** 🍷🍷🍷

Die alten Griechen nannten Sizilien Trinacria. Der Tria ist ein toller Roter, in dessen Namen die Weingeschichte Siziliens seit der Antike anklingt. Die Reben wachsen auf heißem Vulkangestein, 600 Meter über dem Meer. Kühle Meeresbrisen lassen die Trauben trotz aller Hitze ausgewogen reifen. Das Ergebnis fasziniert, Gegensätze werden vereint: Kraft und Leichtigkeit, Intensität und Feinheit. Dabei sorgt die pikante Frische für viel Trinkspaß. Ein würziger Tropfen mit Biss (→ S. 14), der zeigt, wie charmant Syrah schmecken kann. Ein Geheimtipp für knapp acht Euro. Ein Wein zum Entspannen, der sowohl solo als auch mit Freunden Freude macht. Auch zum Essen ist er ein vorzüglicher Partner. Etwa zu Braten von Rind oder Lamm.

Trinacria

Rosso Sicilia

- **Region** Sizilien
- **Rebsorten** Nero d'Avola, Frappato
- **Bezugsquelle** Karstadt, Tegut
- **Preisklasse** ● ○ ○
- **Qualitätsstufe**

Gutes Preis-Leistungs-Verhältnis

Der Weinbau im Süden Italiens ist aus dem Dornröschenschlaf erwacht. Immer mehr eigenständige Weine kommen auf den Markt, die die Freude an ihrem Genuss erhöhen. Dazu gehört auch der preisgünstige Trinacria. Die Trauben, aus denen er entsteht, sind sizilianische Ureinwohner. Das Resultat ist ein einfacher und charakteristischer trockener Rotwein mit wilden und rauchigen Aromen, die etwas an Schinken und getrocknete Kräuter erinnern. Der fruchtbetonte und appetitanregende Sizilianer wirkt am Gaumen leicht und nachhaltig (→ S. 14).
Leicht gekühlt ist er ein erfrischenden Sommerwein (etwa eine halbe Stunde in die Kühlschranktür stellen). Noch besser kommt er aber mit Wildgerichten zur Geltung.

Valpolicella

Lamberti Santepietre

- **Region** Venetien
- **Rebsorten** Corvina, Rondinella, Molinara
- **Bezugsquelle** Familia, HL, Minimal, ausgewählte Edeka- und Spar-Märkte
- **Preisklasse** ● ○ ○
- **Qualitätsstufe**

Gutes Preis-Leistungs-Verhältnis

Der Valpolicella ist ein norditalienischer Klassiker aus der Gegend nördlich von Verona. Das gesetzlich geschützte Kerngebiet des Anbaus heißt Valpolicella Classico. Zuverlässige Regeln für die Weinqualität findet man hier nicht. Vielmehr gibt es sowohl Spitzenweine, die nicht aus dem Classico-Gebiet stammen, als auch belanglose Massenweine, die sich Valpolicella Classico nennen dürfen. Der Valpolicella Classico von Lamberti liegt im oberen Mittelfeld. Im Mund geht es betont saftig zu: Herbe Fruchtigkeit und Frische sind sich herzhaft zugetan. Ein gelungener Alltagswein, leicht und pikant (→ S. 14).
Ein Wein für den Sommer und die etwas anspruchsvollere Party, der auch gut alltägliche Speisen wie Reisgerichte und Nudelaufläufe begleitet.

Vino Nobile

Vino Nobile di Montepulciano L'Acciano

- **Region** Toskana
- **Rebsorten** Sangiovese, Canaiolo, Malvasia, Trebbiano
- **Bezugsquelle** ausgewählte Kaisers- und Marktkauf-Märkte

- **Preisklasse** ●●○
- **Qualitätsstufe** 2 von 3

Der Vino Nobile di Montepulciano wird zu den großen Rotweinen Italiens gezählt, er hat seinen Namen von dem idyllischen Bergstädtchen in der Toskana. Der L'Acciano ist von den großen Weinen des Gebiets nicht nur preislich, sondern auch geschmacklich weit entfernt, vermittelt aber einen kleinen Einblick in die Geschmackswelt der Vino-Nobile-Weine. Er präsentiert sich noch zurückhaltend, jugendliche Strenge umschließt die feine Fruchtigkeit. Sein unverfälschter, klarer Geschmack ist deutlich von der für die Toskana typischen Sangiovese-Traube geprägt. Schmeckt auch noch in drei Jahren. Braucht Luft zum Atmen, freut sich über große Gläser oder eine Karaffe (→ S. 12/13). Passt gut zu Lamm, Wild und Bohnengerichten.

Vitiano

Falesco

- **Region** Umbrien
- **Rebsorten** Sangiovese, Cabernet Sauvignon, Merlot
- **Bezugsquelle** Karstadt
- **Preisklasse** ●●●
- **Qualitätsstufe**

Das mittelitalienische Umbrien hat eine lange Weinbautradition. Aber erst in den letzten Jahren haben die Weine auch international Aufmerksamkeit erregt. Dies ist vor allem das Verdienst der Kellerei Falesco in Montefiascone. Mit dem Vitiano hat sie einen Coup gelandet – ohne simpel zu sein, trifft der preisgünstige und süffige Rote den Geschmack vieler Weintrinker. Der Vitiano verbindet Vollmundigkeit (→ S. 15) und Fruchtfülle mit Kraft und Feinheit. Für etwa neun Euro bietet er eine Menge Trinkvergnügen. Ein intensiver Wein mit moderatem Alkoholgehalt (12,5 Prozent). Zum Entspannen und zum Genießen aus großen Gläsern. Auch gut zu Gegrilltem und zu Lamm. Fünf Jahre ab Jahrgang lagerfähig.

Montana

Marlborough Cabernet Sauvignon Merlot

- **Region** Marlborough
- **Rebsorten** Cabernet Sauvignon, Merlot
- **Bezugsquelle** Globus, Marktkauf, ausgewählte Edeka-Märkte; Ö: Inter- und Eurospar, Nah & Frisch
- **Preisklasse** ●●○
- **Qualitätsstufe**

Der neuseeländische Weinbau ist jung. Erst vor hundert Jahren haben libanesische Einwanderer dort die ersten Reben gepflanzt. Seit den siebziger Jahren finden die Neuseeländer zunehmend Geschmack am eigenen Wein. Das löste einen Weinboom aus. Schon in den achtziger Jahren begannen die Weine weltweit Aufmerksamkeit zu erregen. Montana ist Neuseelands größte und modernste Weinfirma und produziert für den internationalen Markt. So auch diesen Rotwein. Er duftet deutlich nach Schwarzen Johannisbeeren und grüner Paprika. Schmeckt verhalten fruchtig, pikant und frisch und hat 13 Prozent Alkohol.
Ein einfacher Wein für Einsteiger. Passend zu Nudelgerichten jedweder Art und zu Eintöpfen mit Rindfleisch.

Monte da Casta

Vinho Regional Ribatejano

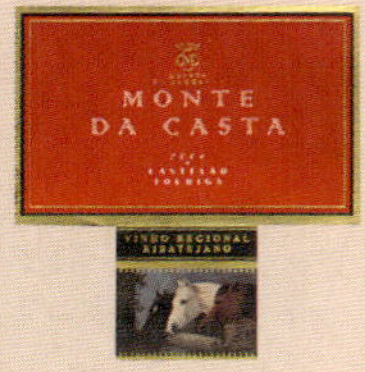

- **Region** Ribatejo
- **Rebsorten** Castelão, Touriga, Pinot Noir
- **Bezugsquelle** Karstadt, Tegut
- **Preisklasse** ●●○
- **Qualitätsstufe**

Portugals Winzer sind konservativ. Genau das ist ihre Stärke. Während weltweit Cabernet Sauvignon, Syrah und Merlot inflationär angebaut werden, pflegen die Portugiesen trotzig ihre klassischen Reben. Das unterscheidet portugiesische Tropfen vom internationalen Mainstream. Heimische Sorten verleihen auch dem Monte da Casta eine originelle Note, wobei die feine burgundische Pinot-Noir-Rebe freundlich in die Verbindung mit einbezogen wird. Mit Erfolg. Duftet charaktervoll. Darin mischen sich vanillige (→ S. 15) und herbe Aromen mit einem schönen Pfefferton. Macht Lust auf den ersten Schluck, der geschmeidig und fruchtig über die Zunge rollt. Hat trotzdem Biss (→ S. 14).
Gut solo zu trinken. An kühlen Abenden. Passt zu Wild.

Peninsula Blue

Vinho Regional Estremadura

- **Region** Estremadura
- **Rebsorten** Tinta Roriz (Tempranillo), Castelão
- **Bezugsquelle** Handelshof, Karstadt, ausgewählte Edeka-Märkte
- **Preisklasse** ●●○
- **Qualitätsstufe** 🍷🍷○

Portugiesische Weinetiketten sind manchmal derart überladen mit Trauben, Schnörkelschrift und den Namen heiliger Männer, dass das Altmodische schon wieder berührt. Leider hat sich beim Peninsula ein Marketingexperte eingeschaltet. So heißt dieser Wein zusätzlich Blue, und das Etikett leuchtet auch kreischend blau. Dabei hat er keinen Firlefanz nötig. Sein Bukett (→ S. 14) ist würzig, duftet nach Vanille, Lakritze und Holunderbeeren. Mit jedem Schluck hat man das Gefühl, in dunkle Beeren zu beißen. Pikante Säure (→ S. 15) trifft auf süßliche Frucht. Hinterlässt im Mund ein Gefühl der Wärme.
Ein Winterwein mit erstaunlich wenig Alkohol (12 Prozent). Begleitet gern Nudeln, geschmortes Gemüse oder Gans.

Quinta de S. Francisco

Óbidos

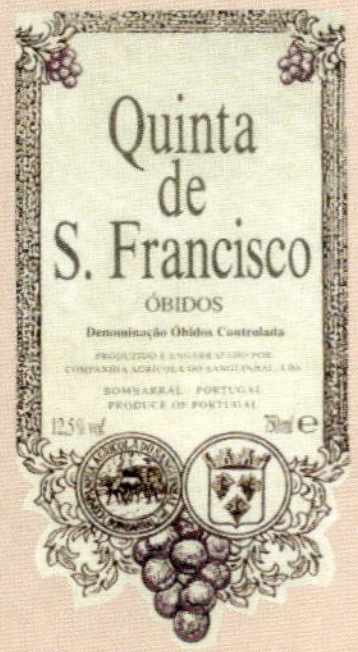

- **Region** Óbidos
- **Rebsorten** Trinacadeira (Tinta Amarela), Tinta-Miúda, Carignan
- **Bezugsquelle** Handelshof, Karstadt
- **Preisklasse** ●●○
- **Qualitätsstufe** 🍷🍷🍷

Der portugiesische Weinbau hat durch den Beitritt Portugals zur EU einen Schub bekommen. Die Weinqualität ist in den letzten 15 Jahren spürbar gestiegen. Einstige Massenweinregionen entdecken ihre Möglichkeiten. Auch große Genossenschaftskellereien denken langsam um. Ein erfreulicher Beweis dafür ist der Quinta de S. Francisco. Ein samtweicher Portugiese mit Biss (→ S. 14). Sein Bukett (→ S. 14) verströmt würzige Aromen, die an getrocknete Kräuter und süßliche Rumfrüchte denken lassen. Wirkt auf der Zunge geschmeidig und vollmundig (→ S. 15). Er ist zugleich herb und süffig, kostet etwa sieben Euro.
Ein nicht zu schwerer Wein (12,5 Prozent Alkohol), den man gut zu weichem Käse oder zu gebratener Ente trinken kann.

Los Caminillos

Tempranillo – Garnacha

- **Region** Vinos de Madrid
- **Rebsorten** Tempranillo, Garnacha (Grenache)
- **Bezugsquelle** Rossmann
- **Preisklasse** ● ○ ○
- **Qualitätsstufe**

Gutes Preis-Leistungs-Verhältnis

Früher stand Spanien vor allem für Sherry und alkoholschwere Weine. Heute hat sich das Bild spürbar geändert. Immer hochwertigere Weine entstehen. Aber es gibt noch viele Weinregionen, die mehr produzieren, als sie verkaufen können. Dieser von der EU auch noch subventionierte Unfug hat Vorteile für den preisbewussten Weintrinker: Zahlreiche Weine werden zu Niedrigstpreisen verkauft. Obwohl Massenweine, sind einige von ihrem Landstrich geprägt, also keine sterilen Industrieweine. So auch der Los Caminillos, ein gehaltvoller Roter für knapp drei Euro, der leicht nach Himbeeren duftet und schmeckt. Ein kuschelweicher Typ ohne Ecken und Kanten. Fruchtig und süffig.
Schlichter Alltagswein. Passt zu Pizza, Wurst und Oliven.

Marqués de Ballestar

Reserva

- **Region** Cariñena
- **Rebsorten** Garnacha (Grenache), Tempranillo
- **Bezugsquelle** Kaisers, Karstadt, Kaufland, Tengelmann
- **Preisklasse** ●●○
- **Qualitätsstufe**

Viele spanische Bodegas (Weinkellereien) bieten einen grandiosen Service. Anders als etwa in Bordeaux lagern sie den Wein so lange, bis er trinkreif ist. Die Lagerhaltung ist aufwändig, hat aber Tradition, und Spanier lieben Tradition. Reserva-Rotwein muss mindestens ein Jahr lang im Holzfass und zwei Jahre in der Flasche reifen, bevor er verkauft wird. Damit die Prozedur Sinn hat, sollte die Reserva schon eine gute Substanz haben, trotzdem ist der Name Reserva noch keine Qualitätsgarantie. Der Marqués de Ballestar ist eine einfache, solide Qualität. Duftet nach Kokos und Vanille. Im Mund ist sein Auftritt wuchtig (→ S. 15). Schmeckt harmonisch, fruchtig und weich.
Gut zu jungem Emmentaler, Gulasch oder Schweinebraten.

Palacio de Monsalud

Vino de la Tierra de Extremadura

- **Region** Extremadura
- **Rebsorten** Tempranillo, Garnacha (Grenache)
- **Bezugsquelle** Globus, Handelshof, Karstadt, Tegut
- **Preisklasse** ●●○
- **Qualitätsstufe**

Die Extremadura, »das Land jenseits des Stroms Duero«, liegt auf einer Hochebene im Südwesten der Iberischen Halbinsel. Von den riesigen Weinmengen, die dort produziert werden, sind nur wenige Tropfen bemerkenswert. So der Palacio de Monsalud. Stammt aus Tierra de Barros, dem Herzstück der Extremadura, wo die besseren Weine wachsen. Die Reben wurzeln tief in rotem Lehmboden, was dem Wein Kraft gibt. Der knochentrockene Monsalud duftet nach Waldbeerkonfitüre und wilden Kräutern. Schmeckt säurebetont und herb. Ein zurückhaltender und herzhafter Spanier.
Holt gern eine Stunde lang tief Luft in einer Karaffe (→ S. 12). Sollte zum Essen serviert werden. Etwa zu Räucherfisch oder Wild.

Parés Baltà

Avi Joan

- **Region** Penedès
- **Rebsorten** Garnacha (Grenache), Tempranillo
- **Bezugsquelle** Handelshof Karstadt, Tegut
- **Preisklasse** ●●○
- **Qualitätsstufe** 1 von 3 Gläsern

Das Weingut Parés Baltà liegt etwa 60 Kilometer südlich von Barcelona im Weingebiet Penedès, dem größten Rebland in Katalonien. Die Weinpflanzungen ziehen sich von der Küste hoch in ein Kalksteingebirge. Dort, 700 Meter über dem Mittelmeer, streichelt kühl-feuchte Meeresluft die Weinstöcke. Die Trauben reifen langsamer als im extrem heißen Süden der Iberischen Halbinsel, bewahren so ihre natürliche Frische. Das Resultat können feine und typische Rote sein wie der Avi Joan von Parés Baltà. Sein Duft umfasst ein Spektrum, das von Thymian und Wildfrucht bis zu einem Hauch Konfitüre reicht. Der Geschmack wird stark von herzhafter Säure (→ S. 15) und Herbe bestimmt.
Sollte unbedingt zum Essen serviert werden. Etwa zu Nudelgerichten und Pizza.

Rasgón de Maria

Vino de la Tierra de Castilla

- **Region** Castilla-La Mancha
- **Rebsorten** Tempranillo, Garnacha (Grenache)
- **Bezugsquelle** Extra, Globus, Hit, HL, Kaisers, Kaufland, Tegut, Toom, Real, Rewe, Tengelmann; Ö: Merkur, Nah & Frisch
- **Preisklasse** ● ○ ○
- **Qualitätsstufe** 1 von 3

Spanien ist das größte Weinland der Erde. Es gleicht einem gigantischen Meer voller Wein. Der Großteil wächst im sengend heißen Landesinneren. Das Gebiet Castilla-La Mancha ist Teil des gewaltigen Reblands, das sich vom Süden Madrids bis hin zum Mittelmeer erstreckt. Winzer und Reben kämpfen gegen Hitze, Kälte und Trockenheit an. Dort entsteht der Rasgón de Maria. Sein Name bedeutet »Träne der Maria«. Aber der Wein hat nichts von Traurigkeit. Duftet verhalten und herb nach Kräutern und Schlehen. Sein Geschmack ist jedoch von großer Weichheit und Fruchtigkeit bestimmt. Ein einfacher Alltagswein. Leicht und süffig. Sommerwein für Einsteiger. Passt zu Pizza, geschmortem Gemüse, Aufläufen oder zu Lamm.

San Isidro

Gran Reserva

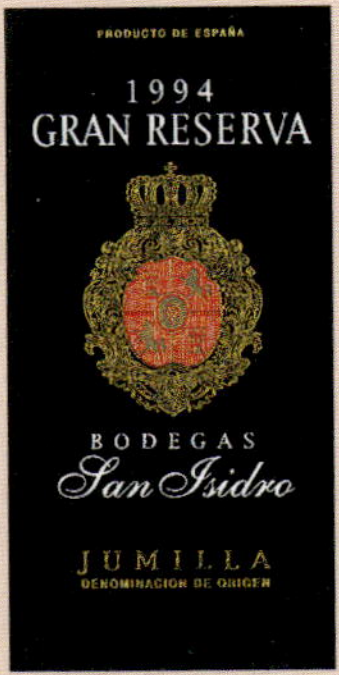

- **Region** Jumilla
- **Rebsorte** Monastrell (Mourvèdre)
- **Bezugsquelle** HL, Minimal, Rewe
- **Preisklasse** ●●○
- **Qualitätsstufe**

Im spanischen Südosten, in den Bergen nördlich der Stadt Murcia, liegt das Weingebiet Jumilla. Dort ist die Monastrell-Rebe unumschränkte Herrscherin. Die kleinen dunklen Trauben bringen höchst gehaltvolle und robuste Weine hervor. Die sind in der Jugend oft so unausgeglichen, dass sie dringend die Gelassenheit des Alters brauchen. Nach mindestens fünf Jahren Reife kann der Wein die Qualität einer Gran Reserva besitzen, wobei die der Bodegas Isidro deutlich die Vorzüge des Alters zeigt. Verströmt schöne Aromen, die an Vanille, Backpflaumen und Konfitüre erinnern. Ein Gaumenstreichler. Harmonisch und trotzdem vital.
Zum genussvollen Relaxen. Lieblingsmusik auflegen, einen großen Schluck nehmen und die Augen schließen.

Torres

Coronas – Tempranillo

- **Region** Katalonien
- **Rebsorten** Tempranillo, Cabernet Sauvignon
- **Bezugsquelle** Globus, Hit, Karstadt, Kaufhof, Real, ausgewählte Edeka-, Familia- und Spar-Märkte
- **Preisklasse** ● ● ○
- **Qualitätsstufe**

Tempranillo ist vielleicht die bedeutendste Rotweintraube Spaniens. Aus ihr können Weine mit Charakter entstehen. Der Coronas von Torres ist zwar ein einfacher Roter, aber er hat Biss (→ S. 14). Tempranillo und Cabernet Sauvignon gehen eine Verbindung ein. Keine Kuschelbeziehung, sondern eine, die von Gegensätzen lebt. Weichheit und Strenge prallen in diesem Wein aufeinander. Duftet nach vollreifen dunklen Weinbeeren, Lakritze und Kräutern. Im Mund zieht traubige Fruchtigkeit alle Aufmerksamkeit auf sich, begleitet von angenehm bitteren Aromen, die an dunkle Schokolade denken lassen. Für etwa sieben Euro.

Vor allem zum Essen zu empfehlen, etwa zu Lamm, Perlhuhn oder zu luftgetrockneter Wurst.

Valdeinfante

Vino de la Tierra de Extremadura

- **Region** Extremadura
- **Rebsorte** Tempranillo
- **Bezugsquelle** Globus, Karstadt, Tegut
- **Preisklasse** ●●●
- **Qualitätsstufe** 1 von 3 Gläsern

In der Weinwelt gibt es keine Regeln. Das zeigt der Valdeinfante. Seine Heimat, das Weingebiet Extremadura, ist verschrien als Massenweinregion. Trotzdem oder gerade deswegen besitzt dieser Tropfen Stil. Stammt vom Weingut Viña Extrema, das eine zuverlässige Adresse im Südwesten Spaniens ist. Der Wein duftet nach Tabak, Kräutern und dunklen Kirschen. Schmeckt wie reife Sauerkirschen, seine säuerlich-fruchtige Art kommt Liebhabern herber Weine entgegen. Ein Tropfen, der sich nicht anbiedert. Kostet etwa neun Euro. Angenehm ist sein mäßiger Alkoholgehalt (12,5 Prozent).
Sollte eine Stunde vorher in eine Karaffe gegossen werden (→ S. 12). Passt zu Eintöpfen, Rind oder Gegrilltem.

Viña Bondad

Gran Reserva

- **Region** Valdepeñas
- **Rebsorte** Tempranillo
- **Bezugsquelle** Kaisers, Tengelmann
- **Preisklasse** ● ● ○
- **Qualitätsstufe**

Valdepeñas bedeutet Tal der Felsen. Es ist ein Weingebiet der Extreme: felsig die Böden, heiß die Sommer, eisig die Winter. Dort fühlt sich die charismatische Tempranillo-Rebe pudelwohl. Aus dem Saft ihrer Trauben entsteht die Gran Reserva Viña Bondad. Gran-Reserva-Weine sind höchst aufwändig in der Herstellung. Aber auf Grund der von der EU subventionierten spanischen Überproduktion werden sie zu Niedrigstpreisen angeboten, für die normalerweise ein Winzer nicht mal das Fass ausspülen würde. Vom Gros der Billig-Gran-Reservas hebt sich der solide Viña Bondad klar ab. Duftet vanillig (→ S. 15) und kräutrig. Im Mund folgt ein weicher, harmonischer Auftritt. Gefällig im besten Wortsinne.

Zum Entspannen. Zu Wild und Rindsroulade mit Rotkohl.

Nederburg

Cabernet Sauvignon Merlot

- **Region** Western Cape
- **Rebsorten** Cabernet Sauvignon, Merlot
- **Bezugsquelle** Globus, Hit, HL, Kaufhof, Kaufland, Marktkauf, Minimal, Real, Toom, Wal-Mart; Ö: Adeg, Magnet, Nah & Frisch
- **Preisklasse** ● ● ○
- **Qualitätsstufe**

In den Weingebieten am Kap ist alles in Bewegung. Der Boom, der seit dem Ende der Apartheid die Weinwirtschaft erfasst hat, ist enorm. Auch Nederburg, dieses supermoderne Flaggschiff der südafrikanischen Weinindustrie, macht das deutlich. Seit drei Jahren bestimmt ein junges internationales Team den Stil der Weine. Das Ziel sind besonders fruchtige, unkomplizierte Tropfen. Der Cabernet Sauvignon-Merlot führt das vor, er bändigt die raue Kraft des Cabernet geschickt mit der soften Fruchtigkeit des Merlot. Duftet und schmeckt nach Brombeergelee, aber auch nach herben Kräutern. Ein appetitanregender Alltagswein für etwa sechs Euro.

Gut zu Pumpernickel, geräucherter Forelle oder Schinken.

Nederburg

Pinotage

- **Region** Western Cape
- **Rebsorte** Pinotage
- **Bezugsquelle** Globus, Hit, Kaisers, Kaufhof, Kaufland, Real, Tegut, Tengelmann, Toom, Wal-Mart; Ö: Merkur, Nah & Frisch
- **Preisklasse** ●●○
- **Qualitätsstufe**

Pinotage ist der Star unter den Reben Südafrikas, ein südafrikanisches Original. Nirgendwo konzentriert sich mehr Ehrgeiz auf die launische Sorte als in den Weingebieten am Kap. Der Pinotage von Nederburg ist geeignet für den Einstieg in diese landestypische Spezialität. Sein Bukett (→ S. 14) ist voller ungewöhnlicher Aromen, die neben Lakritze und Tabak sogar Scotch Whisky und Schwarzwälder Schinken in Erinnerung rufen. Das macht Lust auf den nächsten Schluck, der das Spiel intensiver Würzigkeit und herber Fruchtigkeit fortsetzt. Dabei strahlt der Wein eine leichte Strenge aus. Ein pikanter (→ S. 14) und origineller Roter für etwa sechs Euro.
Am besten zum Essen. Etwa zu Räucherwurst oder deftigen Eintöpfen mit Fleisch.

Plaisir de Merle

Cabernet Sauvignon

- **Region** Paarl
- **Rebsorte** Cabernet Sauvignon
- **Bezugsquelle** Globus, Hit, Marktkauf, Real; Ö: Magnet, Nah & Frisch, Inter- und Eurospar
- **Preisklasse**
- **Qualitätsstufe**

Paarl ist das Weinzentrum Südafrikas. Dort befindet sich das malerische Weingut Plaisir de Merle. Das Gebäude ist Jahrhunderte alt, aber sein Herz, eine computergesteuerte Hightech-Kellerei, ist hochmodern. Besitzer ist ein südafrikanischer Weinkonzern, der dort die Premiumweine der Zukunft produziert. Dieser Cabernet Sauvignon will beeindrucken, er duftet nach reifen dunklen Beeren, eskortiert von herben Aromen. Den Gaumen tapeziert eine süßliche Frucht (→ S. 14), die an Konfitüre und dunkle Schokolade denken lässt. Jedes geschmackliche Detail wirkt präzise abgestimmt. Ein gehaltvoller, zuverlässiger Roter mit 14,5 Prozenten Alkohol. Kostet etwa zwölf Euro.
Für Einsteiger. Gut zu deftigen Linsen oder knuspriger Gans.

Robertson Winery

Cabernet Sauvignon

- **Region** Robertson
- **Rebsorte** Cabernet Sauvignon
- **Bezugsquelle** HL, Minimal, Rewe
- **Preisklasse** ●○○
- **Qualitätsstufe** ●○○

Gutes Preis-Leistungs-Verhältnis

Robertson liegt zwei Autostunden landeinwärts von Kapstadt. Das Rebland ist eine Oase, die durch die Wasser des Breede River am Leben gehalten wird. Bis vor kurzem wurden vorwiegend Massenweine produziert, aber das Ende der Apartheid hat auch in Robertson die Zeitenwende im Weinbau eingeleitet. Die Robertson Winery ist eine der größten Genossenschaften am Kap und eine zuverlässige Adresse für solide und preiswerte Rotweine. Der Cabernet Sauvignon ist ein gut gemachter Kraftprotz. Sein Duft ist würzig, sein Geschmack von feuriger Wucht. Feine Vanilletöne (→ S. 15) und starke Aromen von Wildfruchtkonfitüre füllen den Mund gänzlich aus. Wärmt von innen.

Ein Winterwein für Einsteiger. Passt zu Nudelgerichten, Salat, Lamm und zu Gegrilltem.

Ernest & Julio Gallo

Shiraz – Sierra Valley

- **Region** Kalifornien
- **Rebsorte** Shiraz (Syrah)
- **Bezugsquelle** Globus, Hit, Intermarché, Kaisers, Marktkauf, Tengelmann, Wal-Mart; Ö: Magnet, Merkur, Nah & Frisch, Spar
- **Preisklasse** ● ● ○
- **Qualitätsstufe**

Die Weinwelt ist ein Dschungel. Unüberschaubar, unsicher, unberechenbar. Jeder Wein schmeckt anders, einem guten Jahrgang folgt ein schlechter. Die kalifornische Firma Gallo bietet Hilfe. Gallo-Weine sind sicher. Wer einmal an ihnen Geschmack gefunden hat, darf sich aufgehoben fühlen. Die Weinqualität ist beständig. Jahr um Jahr. Weingeschmack ist bei Gallo immer der kleinste gemeinsame Nenner, um möglichst viele Konsumenten zu erreichen. Der Sierra Valley Shiraz zeigt es. Intensive Aromen, die für jeden deutlich an frische Pflaumen und Brombeeren erinnern, sind ebenso präsent wie pfeffrige und kräutrige Noten. Sein Geschmack ist fruchtig und ausgewogen. Weder zu leicht noch zu schwer. Ein von kühler Perfektion geprägter Tropfen.
Zu Brathähnchen oder Nudelgerichten.

Woodbridge

Zinfandel, Mondavi

- **Region** Kalifornien
- **Rebsorten** Zinfandel, Syrah
- **Bezugsquelle** Citti, Karstadt Kaufhof, Marktkauf, Tengelmann, Wal-Mart; Ö: Merkur, Spar
- **Preisklasse**
- **Qualitätsstufe**

ROTWEIN USA

Manche Weine lassen uns in die Tiefe blicken, manche wollen uns nur zerstreuen und die Last des Alltags von uns nehmen. Sie hinterlassen keine Spuren im Gedächtnis, sie unterhalten uns schluckweise für die Trinkdauer eines Glases. So der Woodbridge Zinfandel. Er entspricht absolut unserem Klischee von Kalifornien: ewige Sonne und zwanghaft gute Laune. Dabei wirkt er aber ganz unbekümmert und frei von Hintergedanken. Sein Duft erinnert an Fruchtgelee und herbe Kräuter. Er füllt den Mund mit voluminöser Fruchtigkeit, schmeckt weich und unkompliziert. Ein auf seine Weise ehrlicher Wein.
Zum Entspannen in der Badewanne. Oder zum Essen. Begleitet frische Salate und Gegrilltes ebenso wie saftige dicke Steaks mit würzigen Saucen.

SCHAUMWEIN

Guter Schaumwein ist nicht von dieser Welt. Das sanfte Perlen löst irdische Schwere auf, vereint Eleganz und Leichtigkeit. Aber die wirklich empfehlenswerten, guten sind in den Märkten eine große Seltenheit. Denn die Herstellung eines Schaumweins ist aufwändig und kostenintensiv. Die prickelnden Perlen kommen erst durch eine zweite Gärung des Weins in das Getränk.

Champagner

Nicolas Feuillatte Brut

- **Region** Champagne
- **Rebsorten** Pinot Noir, Pinot Meunier, Chardonnay
- **Bezugsquelle** Globus, Hit, Marktkauf
- **Preisklasse** ●●●
- **Qualitätsstufe**

Champagner ist der Klassiker unter den Schaumweinen, die Herkunftsbezeichnung wird aggressiv geschützt. Auch wenn viele Konsumenten mit Champagner Prestige und Status verbinden, ist die Wirklichkeit oft ernüchternd. Sogar hinter den großen Marken verbirgt sich oft enttäuschendes Mittelmaß. Eine Alternative sind kleinere Champagnerhäuser wie Nicolas Feuillatte. Der »Brut« ist ein ausdrucksstarkes Exemplar, das durch zarte Fruchtaromen bezirzt. Er tritt im Mund gehaltvoll auf, ist elegant und beschwingt. Kostet etwa doppelt so viel wie ein Aldi-Schampus, besitzt aber dreimal so viel Geschmack, die Qualität ist zuverlässiger. Ein würdevoller Partner zum Fest. Auch wenn es etwas Schönes zu feiern gibt. Begleitet zahlreiche Speisen wie Fisch, Huhn und Wildgeflügel, aber auch Parmesanwürfel.

Crémant

Wolfberger Brut

- **Region** Elsass
- **Rebsorten** Pinot Blanc, Silvaner, Riesling
- **Bezugsquelle** ausgewählte Minimal-, HL- und Rewe-Märkte
- **Preisklasse** ● ● ●
- **Qualitätsstufe**

Wer wirklich gute Schaumweine sucht, findet im Elsass beeindruckende Qualitäten. Der Crémant Wolfberger ist genauso sorgfältig gemacht wie ein vergleichbarer Champagner, kostet aber nur die Hälfte. Auch im Geschmack steht er nicht nach. Für etwa zwölf Euro bietet der »Wolf« ein kitzeliges Erlebnis, belebt die Sinne und macht Lust auf den nächsten Schluck. Duftet intensiv, erinnert an Mirabellen und grüne Äpfel. Am Gaumen ist er ein fülliges Erlebnis: markante Frische und ausladende Fruchtigkeit sorgen für nachhaltigen (→ S. 14) Geschmack.
Ein schöner Schluck zur Begrüßung der Gäste, der richtige Auftakt zum Essen. Passt gut zu Vorspeisen mit Frischkäse, Meeresfrüchten und Fisch. Übrigens: »Brut« ist bei Schaumweinen die trockene Geschmacksrichtung.

Prosecco

Carpenè Malvolti Extra trocken

- **Region** Venetien
- **Rebsorte** Prosecco
- **Bezugsquelle** Aktiv, Karstadt, Ratio
- **Preisklasse** ● ● ○
- **Qualitätsstufe** 🍷 🍷 ○

Prosecco heißt eine im norditalienischen Venetien angebaute Weißweintraube. Sie steht für ziemlich gewöhnlichen Frizzante (Perlwein), der en masse aus ihr bereitet wird. Der Carpenè Malvolti hat mit all dem wenig zu schaffen. Er ist ein ausdrucksstarker Spumante (Sekt), was bedeutet: Er prickelt stärker und länger. Die Trauben stammen aus der Gegend um das Städtchen Conegliano, wo gute Prosecco-Weinberge liegen. Sein Duft ist zitronig und filigran. Er schmeckt jugendlich und frisch. Ein schmeichelndes Fruchtaroma schafft unkompliziertes Trinkvergnügen.
Gut geeignet für die Geburtstagsrunde, aber auch als Aperitif zu empfehlen. Gern begleitet er zudem leichte Speisen wie frische Salate, Fisch und Pute.

APERITIFWEIN

Sherry ist der Inbegriff eines altmodischen Aperitifs. Im Regal steht er zwischen Campari und Eierlikör. Doch Sherry ist mehr als nur ein Aperitif: eine charaktervolle Weinkultur. Wer sich ihr öffnet, entdeckt eine faszinierende Welt. Die hat ihren Preis. Zwar bietet jeder Supermarkt Billig-Sherry für etwa drei Euro an. Für einen trinkbaren muss man jedoch mindestens das Doppelte ausgeben.

Domecq Sherry Dry

La Ina, Very Pale Dry Fino

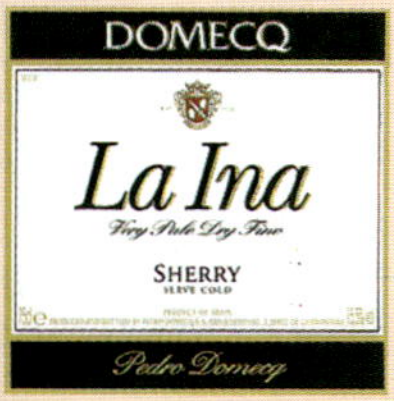

- **Region** Jerez
- **Rebsorte** Palomino
- **Bezugsquelle** Karstadt, Handelshof
- **Preisklasse** ●●○
- **Qualitätsstufe** ●●○

Was ist Fino? Die Sonne brütet, aber der Sherry ist eiskalt, das Glas beschlagen. Schon der erste Schluck macht wach. Salzig und frisch wie eine Meeresbrise schmeckt er, wir vergessen die Hitze um uns herum. In der gleißenden Sonne Andalusiens geboren, reifte er drei Jahre in stiller Dunkelheit, um uns von der Hitze zu erlösen. Und um Fisch, Meeresfrüchte und Königsberger Klopse perfekt zu begleiten. Das alles ist Fino. Der La Ina ist ein kompromissloses Charaktergetränk für Individualisten: herb, trocken, nachhaltig (→ S. 14). Erinnert an Haselnüsse und Äpfel. Man trinkt ihn eiskalt, in kleinen Schlucken, aus kleinen Gläsern. Weil er ein Weißwein ist, fühlt sich die angebrochene Flasche im Kühlschrank am wohlsten. Sie sollte in drei bis vier Tagen ausgetrunken werden.

Sherry Dry

Tío Pepe, Palomino Fino Extra Dry

- **Region** Jerez
- **Rebsorte** Palomino
- **Bezugsquelle** Familia, Globus, Hit, Karstadt, Kaufland, Ratio, Toom
- **Preisklasse**
- **Qualitätsstufe**

Das Sherry-Gebiet ist von schneeweißen Kreideböden geprägt, die in der wolkenlosen Sonne Andalusiens flimmern. Dort wachsen die Trauben der Weißweinsorte Palomino. Der Charakter des Weins wird jedoch in dämmrigen Lagerhallen geprägt, wo er in Holzfässern unter einer dicken Hefeschicht zum Fino Sherry reift.
Der Tío Pepe ist ein moderner Sherry-Typ. Er duftet intensiv und angenehm nach frischen Walnüssen und dem Salz des Meeres. Sein Geschmack ist knochentrocken und herrlich salzig. Trotz seiner 15 Prozent Alkohol wirkt er im Mund leicht und beeindruckt durch seine Geradlinigkeit.
Ein maskuliner Wein (→ S. 14) für Puristen. Ein Muss zu Oliven, Salzmandeln, Sardellen oder Edelpilzkäse.

Sherry Medium

Rich Golden, Sandeman

- **Region** Jerez
- **Rebsorten** Palomino, Pedro Ximénez (PX)
- **Bezugsquelle** Extra, Globus, Hit, HL, Kaufland, Ratio, Real, Rewe, Tegut, Tengelmann, Toom; Ö: Billa, Merkur, Spar, Zielpunkt
- **Preisklasse** ● ● ○
- **Qualitätsstufe**

Im Süden Andalusiens, nahe am Atlantik, liegt das Sherry-Land. Ein Landstrich, den vor über drei Jahrtausenden die Phönizier besiedelt haben. Sie gründeten Xera, das heutige Jerez de la Frontera, das jahrhundertelang Grenzstadt war. Hier mischten sich Kulturen, prallten Religionen aufeinander. Ob Phönizier, Römer, Mauren, Juden oder Christen, sie alle haben Spuren hinterlassen. Auch in der Weinkultur.
Der Rich Golden funkelt bernsteinfarben, verströmt seinen betörenden, nussigen Duft. In seinem Geschmack dominiert liebliche Süße. Ein einschmeichelnder Sherry.
Kühl (13 – 14 °C) trinken, angebrochene Flaschen halten zwei Monate im Kühlschrank. Schmeckt zu Leber und Ente, zu Nussgebäck oder Vanillecreme. Gut zum Kochen.

SÜSSWEIN

Es gibt keinen vernünftigen Grund, Süßwein zu lieben, außer dass er glücklich macht. Edler Süßwein kann Balsam für die Seele sein. Er schmeckt nicht nur süß, er hat viele Gesichter, der Geschmack ist raffiniert. Seine Herstellung ist aufwändig und kann sich über mehrere Jahre hinziehen. Das ist mit hohen Kosten verbunden. Vorsicht also vor papp-süßen Billigstprodukten!

Sauternes

Château Haut-Placey

- **Region** Sauternes
- **Rebsorten** Sémillon, Sauvignon Blanc, Muscadelle
- **Bezugsquelle** ausgewählte Minimal-, HL- und Rewe-Getränke-Märkte
- **Preisklasse** ●●●
- **Qualitätsstufe** 🍷🍷🍷

Gutes **Preis-Leistungs-Verhältnis**

Sauternes ist ein Klassiker der süßen Weinwelt. Die Angst vor der Süße hat diese grandiose Weinkultur ins Ghetto der Dessertweine verbannt. Dem Genießer entgeht dadurch eine faszinierende Welt, die nichts mit pappsüßen Billigweinen zu tun hat. Südlich von Bordeaux schrumpfen reife Beeren im Herbstdunst zu Rosinen, aus denen der Wein gekeltert wird. Duftet betörend nach Rosinen und Quittengelee. Seine raffinierte Süße ist von herben Honigtönen und markanter Frische durchwoben. Unaufhaltsam fließt er über die Zunge. Widerstand ist zwecklos. Ein alkoholreicher Wein. Mit 15 Euro für Sauternes preiswert.
Der perfekte Begleiter zu reifem Berg- und Ziegenkäse, zu gehaltvollem Geflügel oder zu frischer Mango.

Portwein Ruby

Delaforce

- **Region** Douro-Tal
- **Rebsorten** Touriga Nacional, Tinta Roriz, Bastardo
- **Bezugsquelle** Globus, Hit, Minimal, Real, Toom
- **Preisklasse** ●●○
- **Qualitätsstufe** 🍷 (1 von 3)

Portwein ist Portugals berühmtester Wein. Er gedeiht im engen Tal des Flusses Douro, kurz bevor der bei Porto in den Atlantik mündet. Seit Jahrtausenden wächst dort Wein. Noch heute werden die Trauben mit den Füßen gestampft – ein uraltes bacchantisches Ritual. Doch erst vor etwa 350 Jahren entstand der Port. Geschaffen von Briten, die den Wein mit Branntwein verschnitten (→ S. 15). Er lässt sich ewig lagern, mit dem Alter wird die Süße fein und ausgewogen. Der Ruby Port von Delaforce ist indes jung. Unbändige, sanftbittere Süße steht im Vordergrund.
Ein Tropfen für jeden, der keine Angst vor exzessiver Süße hat. Fordert Begleitung: kräftiger Blauschimmelkäse wie Stilton mit Früchtebrot oder Quittengelee. Gut zum Kochen.

Portwein Tawny

Sandeman

- **Region** Douro-Tal
- **Rebsorten** Touriga Nacional, Tinta Roriz, Bastardo
- **Bezugsquelle** Extra, Familia, Globus, Hit, Karstadt, Kaufhof, Kaufland, Real, Tengelmann, Toom
- **Preisklasse**
- **Qualitätsstufe**

Guter Portwein ist ein dunkler und köstlicher Stoff, harmonisch gewoben aus starker Süße und schokoladiger Herbe. Der Tawny von Sandeman ist ein relativ weicher und orangeroter Tropfen. Durch die Reifung in Holzfässern gerät seine Süße fein. Auf der Zunge wirkt sie elegant. Ein gehaltvoller und sanftmütiger Wein, der die Seele wärmt. An eisigen Winterabenden ist er ein treuer Freund: je kälter, desto unentbehrlicher. Gut zum Entspannen bei einem Buch oder Musik. Man genießt ihn bei Zimmertemperatur in kleinen Schlucken aus kleinen Gläsern. Dazu passt Honigmelone oder kräftiger Käse wie Parmesan und sehr reifer Ziegenkäse. Perfekt zum Kochen: Ein Schuss Port gibt Fruchtsalaten oder Bratensaucen das gewisse Etwas.

Die Weine, nach Märkten geordnet

Adeg (Österreich)
Barbera d'Asti Terredavino 74
Marlborough Sauvignon Blanc ... 38
Montalto Nero d'Avola 84
Montalto Sangiovese-Syrah 85
Nederburg Cabernet Sauvignon-Merlot 104
Nederburg Sauvignon Blanc 45
Santa Ana Malbec 57
Santa Carolina Chardonnay 21

Aktiv
Gallo Sauvignon Blanc 47
Prosecco Carpenè Malvolti 113

Billa (Österreich)
Sherry Medium Rich Golden 117

Citti
Mondavi Woodbridge-Chardonnay 48
Mondavi Woodbridge-Cherokee Station White 49
Woodbridge Zinfandel 109

Edeka
Achkarren Grauer Burgunder 23
Allegro Magura Winery 61
Bardolino Classico 75
Barolo Terredavino 76
Barrique Spätburgunder Trocken .. 65
Chianti Sassifratti 78
Gavi Masseria dei Carmelitani ... 32
Kretikos Boutari 69
Lehmann Barossa Chardonnay ... 18
Mantinia Boutari 30
Marlborough Cabernet Sauvignon-Merlot 91
Mondavi Woodbridge-Chardonnay 48
Mondavi Woodbridge-Cherokee Station White 49
Naoussa Boutari 70
Nederburg Chardonnay 44
Nemea Boutari 71
Santa Ana Cabernet Sauvignon .. 56
Santa Carolina Reservado Merlot .. 63
Sungulare Misket 20
Torres Coronas-Tempranillo 101
Torres De Casta Rosado 53
Torres Viña Sol 43
Valpolicella Lamberti Santepietre .. 88
Vinho Regional Estremadura 93

Extra
Nederburg Chardonnay 44
Nederburg Sauvignon Blanc 45
Portwein Tawny Sandeman 121
Sherry Medium Rich Golden 117
Vino de la Tierra de Castilla 99

Familia
Bardolino Classico 75
Kretikos Boutari 69
Mantinia Boutari 30
Merlot Lamberti Santepietre 83
Naoussa Boutari 70
Nemea Boutari 71
Portwein Tawny Sandeman 121
Sherry Dry Tío Pepe 116
Torres Coronas-Tempranillo 101
Torres De Casta Rosado 53
Torres Viña Sol 43
Valpolicella Lamberti Santepietre .. 88

Globus
Barbera d'Asti Terredavino 74
Barolo Terredavino 76
Cabernet Sauvignon Rosé 51
Champagner Brut 111
Chianti Classico Contessa di Radda 79
Chianti Sassifratti 78
Cirò Rosso Librandi 81
Finca Flichman Syrah 55
Gallo Sauvignon Blanc 47
Gallo Shiraz Sierra Valley 108
Gavi Masseria dei Carmelitani ... 32
Kretikos Boutari 69
Lehmann Barossa Shiraz 58

Lehmann The Seven Surveys 59
Mantinia Boutari 30
Marlborough Cabernet Sauvignon-Merlot 91
Marlborough Sauvignon Blanc ... 38
Montalto Grecanico-Chardonnay .. 33
Montalto Nero d'Avola 84
Montalto Sangiovese-Syrah 85
Naoussa Boutari 70
Nederburg Cabernet Sauvignon-Merlot 104
Nederburg Pinotage 105
Nemea Boutari 71
Plaisir de Merle Cabernet Sauvignon 106
Portwein Ruby Delaforce 120
Portwein Tawny Sandeman 121
Rosemount Chardonnay-Verdelho-Sauvignon Blanc 17
Santa Carolina Chardonnay 21
Santa Carolina Sauvignon Blanc .. 22
Sherry Dry Tío Pepe 116
Sherry Medium Rich Golden 117
Sungulare Chardonnay 19
Torres Coronas-Tempranillo 101
Torres De Casta Rosado 53
Torres Viña Sol 43
Vino de la Tierra de Castilla 99
Vino de la Tierra de Extremadura 97, 102

Handelshof

Bairrada Marques de Marialva ... 40
Chianti Sassifratti 78
Côtes du Rhône Reserve 67
Kretikos Boutari 69
Naoussa Boutari 70
Parés Baltà Avi Joan 98
Quinta de S. Francisco Óbidos 94
Sherry Dry La Ina 115
Sungulare Chardonnay 19
Tria Syrah 86
Vino de la Tierra de Extremadura 97, 102
Vinho Regional Estremadura 93

Hit

Barolo Terredavino 76
Champagner Brut 111
Gallo Sauvignon Blanc 47
Gallo Shiraz Sierra Valley 108
Kretikos Boutari 69
Lehmann Barossa Shiraz 58
Lehmann The Seven Surveys 59
Marlborough Sauvignon Blanc ... 38
Marqués de Riscal 42
Montalto Grecanico-Chardonnay 33
Montalto Nero d'Avola 84
Montalto Sangiovese-Syrah 85
Naoussa Boutari 70
Nederburg Cabernet Sauvignon-Merlot 104
Nederburg Chardonnay 44
Nederburg Pinotage 105
Nederburg Sauvignon Blanc 45
Plaisir de Merle Cabernet Sauvignon 106
Portwein Ruby Delaforce 120
Portwein Tawny Sandeman 121
Santa Ana Cabernet Sauvignon 56
Santa Ana Malbec 57
Santa Carolina Reservado Merlot .. 63
Sherry Dry Tío Pepe 116
Sherry Medium Rich Golden 117
Torres Coronas-Tempranillo 101
Torres De Casta Rosado 53
Torres Viña Sol 43
Vino de la Tierra de Castilla 99

HL

Bardolino Classico 75
Crémant Wolfberger Brut 112
Gewürztraminer 27
Los Boldos Cabernet Sauvignon .. 62
Merlot Lamberti Santepietre 83
Montepulciano d'Abruzzo 82
Nederburg Cabernet Sauvignon-Merlot 104
Pinot Grigio 34
Riesling Cuvée Anne-Laure 28
Riesling Schloss Johannisberger trocken 25
Robertson Winery Cabernet Sauvignon 107
Robertson Winery Sauvignon Blanc 46
San Isidor Gran Reserva 100
Sancerre La Côte de Marloup 29
Sauternes Château Haut-Placey ... 119
Sherry Medium Rich Golden 117
Valpolicella Lamberti Santepietre .. 88

Verdicchio dei Castelli di Jesi 35
Vino de la Tierra de Castilla 99

Inter- und Eurospar (Österreich)
Gallo Sauvignon Blanc 47
Lehmann The Seven Surveys 59
Marlborough Cabernet Sauvignon-Merlot 91
Marlborough Sauvignon Blanc ... 38
Plaisir de Merle Cabernet Sauv. ... 106
Santa Ana Cabernet Sauvignon 56
Santa Ana Malbec 57
Santa Carolina Chardonnay 21

Intermarché
Gallo Shiraz Sierra Valley 108
Montalto Grecanico-Chardonnay .. 33
Montalto Nero d'Avola 84
Nederburg Chardonnay 44
Santa Carolina Chardonnay 21
Santa Carolina Sauvignon Blanc .. 22

Kaisers
Chablis 26
Gallo Shiraz Sierra Valley 108
Marqués de Ballestar Reserva 96
Montalto Nero d'Avola 84
Nederburg Pinotage 105
Vermentino Soldimela 36
Viña Bondad Gran Reserva 103
Vino de la Tierra de Castilla 99
Vino Nobile di Montepulciano ... 89

Karstadt
Allegro Magura Winery 61
Bairrada Marques de Marialva ... 40
Barrique Spätburgunder Trocken .. 65
Cannonau di Sardegna 77
Chianti Sassifratti 78
Finca Flichman Syrah 55
Frascati Conte Zandotti 31
Kretikos Boutari 69
Lehmann Barossa Shiraz 58
Mantinia Boutari 30
Marlborough Sauvignon Blanc ... 38
Marqués de Ballestar Reserva 96
Marqués de Riscal 42
Mondavi Woodbridge-Chardonnay 48
Mondavi Woodbridge-Cherokee Station White 49
Naoussa Boutari 70
Nederburg Sauvignon Blanc 45
Nemea Boutari 71
Parés Baltà Avi Joan 98
Penfolds Rawson Retreat Shiraz Cabernet 60
Portwein Tawny Sandeman 121
Prosecco Carpenè 113
Quinta de S. Francisco Óbidos 94
Rosemount Chardonnay-Verdelho-Sauvignon Blanc 17
Santa Carolina Chardonnay 21
Santa Carolina Sauvignon Blanc .. 22
Sherry Dry La Ina 115
Sherry Dry Tío Pepe 116
Sungulare Chardonnay 19
Sungulare Misket 20
Torres Coronas-Tempranillo 101
Torres De Casta Rosado 53
Torres Viña Sol 43
Tria Syrah 86
Trinacria Nero d'Avola-Frappato .. 87
Vernaccia Castelgreve 37
Vinho Regional Estremadura 93
Vinho Regional Ribatejano 92
Vino de la Tierra de Extremadura 97, 102
Vitiano Falesco 90
Woodbridge Zinfandel 109

Kaufhof
Barrique Spätburgunder Trocken .. 65
Kretikos Boutari 69
Lehmann Barossa Shiraz 58
Lehmann The Seven Surveys 59
Marlborough Sauvignon Blanc ... 38
Mondavi Woodbridge-Chardonnay 48
Mondavi Woodbridge-Cherokee Station White 49
Naoussa Boutari 70
Nederburg Cabernet Sauvignon-Merlot 104
Nederburg Pinotage 105
Nemea Boutari 71
Penfolds Rawson Retreat Shiraz Cabernet 60
Portwein Tawny Sandeman 121
Rosemount Chardonnay-Verdelho-Sauvignon Blanc 17
Shiraz Shomron Vineyards 72

Torres Coronas-Tempranillo 101
Torres De Casta Rosado 53
Torres Viña Sol 43
Woodbridge Zinfandel 109

Kaufland
Barbera d'Asti Terredavino 74
Barolo Terredavino 76
Chianti Classico Contessa di Radda 79
Gallo Sauvignon Blanc 47
Gavi Masseria dei Carmelitani ... 32
Los Boldos Cabernet Sauvignon .. 62
Marqués de Ballestar Reserva 96
Montalto Grecanico-Chardonnay .. 33
Montalto Nero d'Avola 84
Montalto Sangiovese-Syrah 85
Nederburg Cabernet Sauvignon-Merlot 104
Nederburg Pinotage 105
Nederburg Sauvignon Blanc 45
Portwein Tawny Sandeman 121
Santa Ana Malbec 57
Sherry Dry Tío Pepe 116
Sherry Medium Rich Golden 117
Vino de la Tierra de Castilla 99

Kaufmarkt
Vernaccia Castelgreve 37

Magnet (Österreich)
Barbera d'Asti Terredavino 74
Gallo Sauvignon Blanc 47
Gallo Shiraz Sierra Valley 108
Lehmann The Seven Surveys 59
Marlborough Sauvignon Blanc ... 38
Nederburg Cabernet Sauvignon-Merlot 104
Nederburg Sauvignon Blanc 45
Plaisir de Merle Cabernet Sauvignon 106
Santa Ana Cabernet Sauvignon .. 56
Santa Ana Malbec 57
Santa Carolina Chardonnay 21

Marktkauf
Achkarren Grauer Burgunder 23
Cabernet Sauvignon Rosé 51
Champagner Brut 111
Chianti Classico Contessa di Radda 79
Gallo Shiraz Sierra Valley 108
Lehmann Barossa Chardonnay ... 18
Lehmann Barossa Shiraz 58
Marlborough Cabernet Sauvignon-Merlot 91
Montalto Grecanico-Chardonnay .. 33
Montalto Nero d'Avola 84
Montalto Sangiovese-Syrah 85
Nederburg Cabernet Sauvignon-Merlot 104
Plaisir de Merle Cabernet Sauvignon 106
Santa Ana Cabernet Sauvignon .. 56
Santa Ana Malbec 57
Viña Tarapacá Reservado Cabernet Sauvignon 64
Vino Nobile di Montepulciano ... 89
Woodbridge Zinfandel 109

Maximarkt (Österreich)
Gallo Sauvignon Blanc 47

Merkur (Österreich)
Barbera d'Asti Terredavino 74
Gallo Sauvignon Blanc 47
Gallo Shiraz Sierra Valley 108
Marlborough Sauvignon Blanc ... 38
Mondavi Woodbridge-Chardonnay 48
Mondavi Woodbridge-Cherokee Station White 49
Montalto Nero d'Avola 84
Montalto Sangiovese-Syrah 85
Nederburg Pinotage 105
Santa Ana Malbec 57
Sherry Medium Rich Golden 117
Vino de la Tierra de Castilla 99
Woodbridge Zinfandel 109

Minimal
Bardolino Classico 75
Crémant Wolfberger Brut 112
Gewürztraminer 27
Los Boldos Cabernet Sauvignon .. 62
Merlot Lamberti Santepietre 83
Montepulciano d'Abruzzo 82
Nederburg Cabernet Sauvignon-Merlot 104
Pinot Grigio 34
Portwein Ruby Delaforce 120
Riesling Cuvée Anne-Laure 28

Riesling Schloss Johannisberger trocken ... 25
Robertson Winery Cabernet Sauvignon ... 107
Robertson Winery Sauvignon Blanc ... 46
San Isidor Gran Reserva ... 100
Sancerre La Côte de Marloup ... 29
Sauternes Château Haut-Placey ... 119
Valpolicella Lamberti Santepietre ... 88
Verdicchio dei Castelli di Jesi ... 35

M-Preis (Österreich)

Gallo Sauvignon Blanc ... 47

Nah & Frisch (Österreich)

Barbera d'Asti Terredavino ... 74
Gallo Shiraz Sierra Valley ... 108
Lehmann The Seven Surveys ... 59
Marlborough Cabernet Sauvignon-Merlot ... 91
Marlborough Sauvignon Blanc ... 38
Montalto Grecanico-Chardonnay ... 33
Montalto Nero d'Avola ... 84
Montalto Sangiovese-Syrah ... 85
Nederburg Cabernet Sauvignon-Merlot ... 104
Nederburg Pinotage ... 105
Nederburg Sauvignon Blanc ... 45
Plaisir de Merle Cabernet Sauvignon ... 106
Santa Ana Cabernet Sauvignon ... 56
Santa Ana Malbec ... 57
Santa Carolina Chardonnay ... 21
Vino de la Tierra de Castilla ... 99

Ratio

Kretikos Boutari ... 69
Mantinia Boutari ... 30
Marqués de Riscal ... 42
Nemea Boutari ... 71
Prosecco Carpenè ... 113
Sherry Dry Tío Pepe ... 116
Sherry Medium Rich Golden ... 117

Real

Achkarren Grauer Burgunder ... 23
Marlborough Sauvignon Blanc ... 38
Montalto Grecanico-Chardonnay ... 33
Montalto Nero d'Avola ... 84
Montalto Sangiovese-Syrah ... 85
Nederburg Cabernet Sauvignon-Merlot ... 104
Nederburg Chardonnay ... 44
Nederburg Pinotage ... 105
Plaisir de Merle Cabernet Sauvignon ... 106
Portwein Ruby Delaforce ... 120
Portwein Tawny Sandeman ... 121
Sherry Medium Rich Golden ... 117
Torres Coronas-Tempranillo ... 101
Torres De Casta Rosado ... 53
Torres Viña Sol ... 43
Viña Tarapacá Reservado Cabernet Sauvignon ... 64
Vino de la Tierra de Castilla ... 99

Rewe

Crémant Wolfberger Brut ... 112
Los Boldos Cabernet Sauvignon ... 62
Montepulciano d'Abruzzo ... 82
Pinot Grigio ... 34
Robertson Winery Cabernet Sauvignon ... 107
Robertson Winery Sauvignon Blanc 46
San Isidor Gran Reserva ... 100
Sauternes Château Haut-Placey ... 119
Sherry Medium Rich Golden ... 117
Verdicchio dei Castelli di Jesi ... 35
Vino de la Tierra de Castilla ... 99

Rossmann

Amarosso delle Marche ... 73
Barbera d'Asti Terredavino ... 74
Côtes du Rhône Réserve ... 67
Delmio Garnacha Rosado ... 52
Leopoldi Grüner Veltliner ... 39
Les Trois Moulins Cabernet Sauvignon ... 68
Los Caminillos Malvar ... 41
Los Caminillos Tempranillo-Garnacha ... 95
Oberkircher Spätburgunder trocken ... 66
Riesling Nahe feinherb ... 24

Spar (Österreich)

Gallo Sauvignon Blanc ... 47
Gallo Shiraz Sierra Valley ... 108
Marlborough Sauvignon blanc ... 38

Mondavi Woodbridge-Chardonnay 48
Mondavi Woodbridge-Cherokee Station White 49
Santa Ana Malbec 57
Santa Carolina Chardonnay 21
Sherry Medium Rich Golden 117
Woodbridge Zinfandel 109

Spar
Bardolino Classico 75
Barrique Spätburgunder Trocken 65
Kretikos Boutari 69
Merlot Lamberti Santepietre 83
Naoussa Boutari 70
Nederburg Chardonnay 44
Nemea Boutari 71
Santa Carolina Chardonnay 21
Santa Carolina Sauvignon Blanc 22
Torres Coronas-Tempranillo 101
Torres De Casta Rosado 53
Torres Viña Sol 43
Valpolicella Lamberti 88

Sutterlütty (Österreich)
Gallo Sauvignon Blanc 47

Tegut
Barbera d'Asti Terredavino 74
Barolo Terredavino 76
Lehmann Barossa Shiraz 58
Lehmann The Seven Surveys 59
Marlborough Sauvignon blanc 38
Montalto Grecanico-Chardonnay 33
Montalto Nero d'Avola 84
Montalto Sangiovese-Syrah 85
Monte da Casta Vinho Regional Ribatejano 92
Nederburg Chardonnay 44
Nederburg Pinotage 105
Parés Baltà Avi Joan 98
Sherry Medium Rich Golden 117
Trinacria Nero d'Avola-Frappato 87
Vino de la Tierra de Castilla 99
Vino de la Tierra de Extremadura 97, 102

Tengelmann
Chablis 26
Gallo Shiraz Sierra Valley 108
Marqués de Ballestar Reserva 96
Montalto Nero d'Avola 84
Nederburg Pinotage 105
Portwein Tawny Sandeman 121
Sherry Medium Rich Golden 117
Vermentino Soldimela 36
Viña Bondad Gran Reserva 103
Vino de la Tierra de Castilla 99
Woodbridge Zinfandel 109

Toom
Los Boldos Cabernet Sauvignon 62
Montalto Grecanico-Chardonnay 33
Montalto Nero d'Avola 84
Montalto Sangiovese-Syrah 85
Nederburg Cabernet Sauvignon-Merlot 104
Nederburg Pinotage 105
Nederburg Sauvignon Blanc 45
Portwein Ruby Delaforce 120
Portwein Tawny Sandeman 121
Robertson Winery Sauvignon Blanc 46
Sherry Dry Tío Pepe 116
Sherry Medium Rich Golden 117
Vino de la Tierra de Castilla 99

Wal-Mart
Gallo Shiraz Sierra Valley 108
Lehmann Barossa Shiraz 58
Lehmann The Seven Surveys 59
Mondavi Woodbridge-Chardonnay 48
Mondavi Woodbridge-Cherokee Station White 49
Montalto Grecanico-Chardonnay 33
Montalto Nero d'Avola 84
Montalto Sangiovese-Syrah 85
Nederburg Cabernet Sauvignon-Merlot 104
Nederburg Chardonnay 44
Nederburg Pinotage 105
Santa Ana Malbec 57
Santa Carolina Chardonnay 21
Santa Carolina Sauvignon Blanc 22
Woodbridge Zinfandel 109

Wein & Co (Österreich)
Lehmann Barossa Shiraz 58

Zielpunkt (Österreich)
Gallo Sauvignon Blanc 47
Sherry Medium Rich Golden 117

Impressum

HALLWAG ist ein Unternehmen des GRÄFE UND UNZER VERLAGS,
München, GANSKE VERLAGSGRUPPE
hallwag-leserservice@graefe-und-unzer.de

Projektleitung: Marc Strittmatter
Redaktion: Margarethe Brunner
Lektorat: Cornelia Schinharl
Gestaltung (Innen): independent Medien-Design, München, Kathrin Schemel
Gestaltung (Umschlag): KMS Team GmbH, München
Fotos: Stefan Braun
Herstellung: Maike Harmeier
Satz: Filmsatz Schröter, München
Repro: Repro Ludwig, Zell am See
Druck und Bindung: L. Auer, Donauwörth

Dank des Autors: Für die Unterstützung danke ich Herrn Peter Scheib und meiner Familie.

ISBN: 3-7742-6488-0

Auflage:	5.	4.	3.	2.	
Jahr:	2008	07	06	05	04

Hallwag

GRÄFE UND UNZER
Ein Unternehmen der
GANSKE VERLAGSGRUPPE

IMPRESSUM